# Sissy

## Märchen für Prinzen
## und
## Prinzessinnen

CIP-Titelaufnahme der Deutschen Bibliothek

**Ingenheim, Marieluise von:**
Sissy / Marieluise von Ingenheim. –
Wien ; Stuttgart : Breitschopf.
Märchen für Prinzen und Prinzessinnen. – 1988
ISBN 3-7004-0218-X


ISBN 3-7004-0218-X

# Bohne, Bohne, ich schneide dich entzwei!

Einmal zogen drei Brüder, Söhne armer Leute, in die Fremde. Sie hofften, sich dort ihr Brot zu verdienen. Als sie zu einer Wegkreuzung kamen, wählten die beiden älteren Brüder den Pfad gegen Osten, der jüngste aber wollte nach Norden. An der Weggabelung stand eine hohe Eiche, in deren Stamm schnitten die Brüder drei Kreuze, bevor sie voneinander Abschied nahmen. Sie versprachen, sich nach genau einem Jahr wieder an dieser Stelle beim Eichenbaum zu treffen.
Der Jüngste wanderte tief in den Wald hinein und kam schließlich zu einem Häuschen. Eine alte Frau wohnte darin, die nahm ihn in ihre Dienste. Dem Burschen war es recht, denn er hatte nichts anderes zu tun, als zwei graue Katzen und zwei weiße Enten zu füttern und zu betreuen.
Das Jahr ging vorüber, und der Bursche verlangte seinen Lohn, denn er wollte wieder nach Hause.
Die alte Frau gab ihm aber nur eine Bohne. Der Bursche war wütend und rief: „Bohne, Bohne, ich schneide dich entzwei!"
Da hörte er aber eine feine Stimme aus der Bohne heraus: „Ach nein, ach nein, zerschneide mich nicht! Ich will dir geben, was du nur willst!"
Wenn das so ist, dachte der Bursche, dann wünsche ich mir ein Tischtuch, das sich von selber mit allen guten Sachen füllt, wenn man sagt: Tischtuch, deck dich! Sogleich erfüllte die Bohne ihm diesen Wunsch. Als das Tischtuch vor ihm lag, rief er: „Tischtuch, deck dich!" Sieh da: Braten und Schinken, Knödel und Reise, Rahm und Kastanien standen auf dem Tischtuch.
Der Bursche war mit seinem Zaubertischtuch sehr zufrieden und ging damit zur verabredeten Stelle. Seine Brüder warteten schon auf ihn. „Was hast du verdient?" fragten sie. Er zeigte ihnen die Bohne, worauf sie lachten und ihn verspotteten.
„Wartet nur, jetzt werden wir ja sehen, ob ihr mich noch immer auslacht!" sagte der jüngste Bruder und holte sein Tischtuch aus dem Ränzel. Als er es ausgebreitet und das Sprüchlein gesagt hatte, standen plötzlich die feinsten Speisen vor den Brüdern.
Nachdem sie gut gegessen hatten, meinte aber einer der Brüder: „Essen und Trinken ist nicht genug, man muß auch Geld in der Tasche haben!"
Darüber mußte der Jüngste nachdenken. Dann nahm er die Bohne aus der Tasche und sagte wieder: „Bohne, Bohne, ich schneide dich entzwei!"
„Ach nein, ach nein", rief die Bohne, „zerschneide mich nicht, ich will dir auch geben, was du nur willst!"
„Dann gib mir einen Esel, der Golddukaten macht statt Mist", befahl der Bursche. Sogleich stand ein Esel vor ihm und ließ Golddukaten fallen.
Die beiden Brüder wollten es auch mit der Bohne versuchen. Aber als sie ihre Messer zogen und drohten: „Bohne, Bohne, ich schneide dich entzwei!" rührte sich nichts. Die Bohne blieb stumm und gab ihnen nichts. Da sagte der Jüngste: „Laßt uns zusammen nach Hause gehen! Ich habe jetzt Geld genug, so daß wir ein behagliches Leben führen können!"
So geschah es. Alle sind steinreich und uralt geworden.

# Jacek, der pfiffige Bauer

Ein Bauer namens Jacek lebte in einem Dorf. Er galt dort als großer Pfiffikus, denn es gelang ihm immer, die anderen mit seinem Verstand zu überlisten. Er fürchtete sich vor niemandem und hatte immer die richtigen Worte bereit, um jemanden hinters Licht zu führen. Weit und breit erzählte man von seinen Schelmereien und Streichen. So erfuhr auch der Gutsherr aus dem Nachbardorf, der ebenfalls als sehr klug und überlegen bekannt war, von Jacek und schickte nach ihm. Er ließ ihm sagen, daß er ihn gern sehen möchte, um seine Reden und seinen Verstand zu prüfen. Der Gutsherr versprach ihm reiche Belohnung, wenn es Jacek gelänge, ihn zu übertreffen.
Dieser Einladung folgte nun der Bauer. Als er im Gutshof erschien, sprach der Herr zu ihm: „Höre Jacek, man hat mir so allerlei Sachen über dich erzählt, etwa, daß du ganz vortrefflich schwindeln kannst. Stimmt das?“
„Aber Euer Wohlgeboren“, sagte Jacek, „ich und schwindeln? Daß mich der Herrgott vor so einer Sünde bewahren möge! Ich lebe brav mit der Wahrheit, so wie es mich mein Vater – Gott gebe ihm die ewige Ruhe – gelehrt hat. Vom Lügen und Schwindeln will ich nichts wissen!“
„Brüderchen Jacek, das sind alles Ausflüchte“, lachte der Gutsherr, „du willst mich wahrscheinlich überrumpeln. Aber höre: Ob du willst oder nicht, du sollst mir jetzt etwas vorschwindeln. Das heißt, du mußt mir etwas erzählen, was ich nicht glauben kann und bei dem ich sagen muß: Du schwindelst! Gelingt dir das, dann bekommst du 100 Taler; gelingt es dir aber nicht, bekommst du ebensoviele Stockhiebe. Du hast jetzt die Wahl, aber überlege nicht zu lange!“ Und der Gutsherr zählte 100 Taler auf den Tisch.
Der Bauer Jacek aber kratzte sich hinter dem Ohr und sagte: „Nun ja, wenn ich unbedingt etwas erzählen soll, so tue ich's auch, aber ich werde nicht schwindeln, sondern die Wahrheit sagen, so wahr mir Gott helfe.“
So begann er also: „Vor vielen Jahren ging ich eines Tages in die Kirche. Es war der Tag des heiligen Stephanus. Wie Euer Wohlgeboren wissen, ist es an diesem Tag bei uns üblich, den Pfarrer mit Gerstenkörnern, Erbsen, Hafer und anderen Körnern zu bewerfen – zum Andenken an die Steinigung des heiligen Stephanus. Die Leute klauben nachher die Körner wieder auf und geben sie dem Federvieh zu fressen, damit es gut gedeihe; oder sie mischen es unter das Saatgut, damit die Ernte gut ausfalle. So wollte auch ich einige Körnlein aufsammeln, aber eins, zwei, drei war alles weg, und ich konnte gerade noch ein einziges Gerstenkörnlein erwischen. Ich nahm es mit und setzte es noch am gleichen Tag in die Erde. Euer Wohlgeboren werden es nicht glauben, aber in einer einzigen Nacht war das Körnchen zu einem großen Feld ausgewachsen, und die Halme waren so hoch, daß man, wenn man an ihnen emporschaute, das Ende nicht sehen konnte.“
„Ach ja, das kann schon sein“, schmunzelte der Gutsherr.
„Da war ich aber neugierig“, erzählte der Bauer weiter, „wie hoch die Gerste denn reiche. Ich kletterte daher auf

einen Halm und erklomm ihn bis zur Spitze. Aber, o Schreck! Welche Angst bekam ich, als ich oben war! Denn Euer Wohlgeboren müssen wissen: Diese Gerste reichte bis in den Himmel!"
„Ach ja, das kann schon sein", nickte wiederum der Gutsherr.
„Aber Euer Wohlgeboren werden nicht glauben, was ich weiter tat: Ich stieß mich von der Spitze des Halmes ab und sprang mit einem Satz in den Himmel."
„Ach ja, das kann schon so gewesen sein", sagte der Gutsherr.
Also erzählte der Bauer Jacek weiter: „Als ich nun im Himmel war, schaute ich mich nach allen Seiten um. Es gefiel mir dort sehr, denn alles strahlte nur so vor Gold, Silber und Diamanten, sogar der Fußboden und die Wände. Ich hatte aber große Angst und getraute mich nicht einen Schritt zu tun, sondern blieb stehen und bestaunte alles. Es ist kaum zu beschreiben, was ich dort alles sah. Endlich wurde ich doch mutiger und wagte mich weiter. Da hörte ich plötzlich in der Ferne lautes Geschrei und erblickte eine Schar Engel, die mit Stöcken in den Händen auf mich zugelaufen kam. Ich wußte nicht, was ich tun sollte. Aus Angst lief ich zurück zu dem Loch, durch das ich in den Himmel gesprungen war, doch von meiner Halmspitze war nichts mehr zu sehen. Nur ein Haufen trockener Hanf lag neben dem Loch. Was der Mensch in seiner Angst doch alles vermag, es ist schier unglaublich! Als die Engel schon ganz nahe bei mir waren und ihre Stöcke schwangen, da flocht ich aus dem Hanf rasch einen Strick, befestigte ihn am Rande des Himmels, und um mich vor dem Zugriff der Engel zu retten, erfaßte ich den Strick und ließ mich an ihm abwärtsgleiten. So bin ich ihnen glücklich entkommen."
„Ach ja, das kann alles durchaus so gewesen sein", unterbrach ihn der Gutsherr, der sich vorgenommen hatte, das Spiel bis zu Ende zu spielen.
Jacek aber wollte die 100 Taler gewinnen und erzählte weiter: „Das war aber noch nicht das Ende meiner Schrecknisse, denn in der Eile hatte ich den Strick zu kurz geflochten, so daß zur Erde noch gut 100 Klafter fehlten. So hing ich in der Luft, schaukelte an dem Strick und überlegte, wie ich da nur hinunterkäme, ohne mir das Genick zu brechen. Bald hatte ich einen glücklichen Einfall. Ich dachte mir: Den oberen Teil des Stricks brauchst du doch nicht mehr, du brauchst nur den unteren. Also riß ich oben immer ein Stück ab und knotete es unten wieder an. Doch am Ende hatte ich auch oben keinen Strick mehr, nur soviel wie ich in meinen beiden Fäusten hielt. Ich konnte also nichts mehr anstückeln, aber bis zum festen Erdboden waren es immer noch fast 20 Klafter. Nun sah ich keine andere Rettung mehr, wenn ich nicht bis zum jüngsten Tag so hängenbleiben wollte, als mich in Gottes Namen fallen zu lassen. Da ließ ich auch schon den Strick los und fiel wie ein Stein nach unten und geradewegs in eine Lehmgrube hinein, etwa 10 Ellen tief. Wieder ein neuer Schrecken: Wie sollte ich da nur herauskommen? Der Lehm war zäh und klebte an mir, daß ich kaum Hände und Füße bewegen konnte . . ."
„Ach ja, das kann durchaus so sein!" pflichtete der Gutsherr bei. Insgeheim freute er sich schon über seinen Sieg und die Stockhiebe, die er dem Bauern verabreichen lassen wollte.
Der aber fuhr in seiner Erzählung fort: „Seht Ihr, der Herr verläßt einen armen Bauern in der Not nicht, sondern er hilft

ihm. So half er auch mir, denn er gab mir den Gedanken ein: Lauf so schnell wie möglich nach Hause, hole einen Spaten und grabe dich aus! Ja, das tat ich denn auch, und so habe ich mich glücklich aus dieser Lehmgrube befreien können."
„Ach ja, das kann alles so gewesen sein! Du hast dich also ausgegraben und gingst nach Hause. Und was war dann?"
„Oh, Euer Wohlgeboren, damit war meine Mühsal noch nicht zu Ende. Kaum war ich aus dem Lehm heraus, fing es an zu schütten wie aus Eimern. Mit Lehm beschmiert und durchnäßt lief ich dem Dorf zu. Da erkannte ich im Näherkommen, daß es das Dorf Eures Vaters war. Ich beeilte mich, Unterschlupf zu finden, denn ich war schon durchnäßt und fror erbärmlich. Da erblickte ich unweit eines Erbsenfeldes einen Schweinehirten mit seinen Tieren. Er hatte einen großen runden Hut mit einer breiten Krempe auf. So lief ich dicht an ihn heran und stellte mich unter seinen Hut. Als der Regenschauer aufhörte, sah ich dem Schweinehirten ins Gesicht. Ich wollte mich für seinen Schutz bedanken und ihn auch um Verzeihung bitten, daß ich ihn mit Lehm beschmutzt hatte – doch wen sah ich da vor mir? Ratet doch, Euer Wohlgeboren – ich sah Euren vortrefflichen Herrn Vater!"
Kaum hatte der Bauer das ausgesprochen, da sprang der Gutsherr auf ihn zu, packte ihn unsanft und schrie: „Du lügst! Kerl, was fällt dir ein! Mein Vater hat nie Schweine gehütet, du elender Lügner!"
Da verbeugte sich der schlaue Bauer Jacek. Er grinste über das ganze Gesicht, ging zum Tisch, strich die 100 Taler ein und machte sich davon. Erst jetzt merkte der Gutsherr, daß Jacek ihn hereingelegt hatte, und er schämte sich nicht wenig.
Seit dieser Zeit wagte er es nicht mehr, sich mit dem Verstand eines Bauern zu messen, bemühte sich aber, ihm durch Geld und durch die Peitsche beizukommen und seinen Verstand durch schwere Arbeit zu unterdrücken. Der Bauer aber verließ sich auf seinen klaren Verstand, und der war stärker als die Peitsche des Gutsherrn.

# Von den schwarzen Kirschen

Es war einmal ein Vater, der hatte drei Söhne. Zwei davon waren stolz und böse, der jüngste war gut und höflich zu allen Leuten.
In dem Land, in dem sie lebten, regierte ein König, der hatte eine schöne Tochter. Diese war schwer erkrankt, und es hieß, sie könne nur gesund werden, wenn sie schwarze Kirschen zu essen bekäme. Es war aber mitten im Winter, da gab es keine Kirschen, weder rote noch schwarze. Nur der Vater mit den drei Söhnen besaß einen Kirschbaum, der auch im Winter schwarze Kirschen trug. So pflückte er ein Körbchen voll und gab es seinem ältesten Sohn, der es auf das Königsschloß bringen sollte.
Der Sohn machte sich auf den Weg. Nach kurzer Zeit kam er zu einer Quelle, neben der ein alter Mann saß.
„Was hast du denn in diesem Körbchen, das du so vorsichtig trägst?" fragte der Alte.
„Geißbohnen, Alter", antwortete der junge Mann und ging hochmütig weiter. Auch beim Königsschloß fragte man ihn, was er denn bringe. Er antwortete: „Schwarze Kirschen für die kranke Prinzessin." Sogleich wurde er zum König geführt. Als das Körbchen ausgeleert wurde, fielen statt Kirschen Geißbohnen heraus. Zornig ließ der König dem Burschen eine Tracht Prügel verabreichen und jagte ihn fort.
Der Vater pflückte zum zweitenmal Kirschen, die nun sein zweitältester Sohn aufs Königsschloß tragen sollte. Auch er kam zu der Quelle und fand den alten Mann. Auf seine Frage, was er denn in dem Körbchen trage, antwortete er keck: „Schweinemist."
Der zweite Sohn kam zum Königsschloß und sagte zur Wache, die ihn aufhielt: „Ich bringe schwarze Kirschen für die kranke Prinzessin." Sogleich wurde er eingelassen und sollte die Kirschen in eine goldene Schale leeren. Es waren aber auch diesmal keine Kirschen, sondern stinkender Schweinemist. Der König tobte und ließ dem zweiten Sohn noch viel stärkere Prügel verpassen als seinem Bruder.
Der Vater wollte es noch einmal versuchen und schickte den jüngsten Sohn mit dem Körbchen voll Kirschen aufs Schloß. Auf die Frage des alten Mannes antwortete der Jüngste freundlich: „Schwarze Kirschen, die will ich der kranken Prinzessin bringen." Er bot dem Alten eine Kostprobe an.
Dieser freute sich sehr und sagte: „Höre meine drei Ratschläge und befolge sie, denn es wird zu deinem Glück führen!
Erstens: Wenn du jemanden siehst, der Hunger leidet, dann gib ihm zu essen.
Zweitens: Wenn du jemanden siehst, der durstig ist, so gib ihm zu trinken.
Drittens: Wenn du jemanden siehst, der streitet, so stifte Frieden!"
„Ich will deine Ratschläge gerne befolgen, alter Mann", erwiderte der dritte Sohn und ging weiter. Unterwegs kam er durch einen Wald und sah einen Ameisenhaufen, dessen Ameisen nichts mehr zu fressen hatten. Er warf ihnen eine Handvoll Brosamen hin, und die Ameisen stillten ihren Hunger.
Er kam zu einem See. Am Ufer lag ein Fisch, der vor Durst fast umkam. Der Jüngling ging hin und setzte ihn ins Wasser. Auf einem weiten Feld sah er einen Engel und einen Teufel, die

aufeinander losschlugen. Der dritte Sohn ging hin, redete auf sie ein und schlichtete den Streit.
Als er endlich zum Schloß kam, wollten ihn die Wachen nicht durchlassen. „Es sind schon zwei solcher Schlingel vor dir dagewesen, die haben auch behauptet, daß sie schwarze Kirschen für die Prinzessin bringen, aber es ist nicht wahr gewesen!"
Der jüngste Sohn zeigte ihnen das Päckchen mit den schwarzen Kirschen. Die Wachen ließen ihn eintreten. Vor dem König mußte er die Kirschen in die goldene Schale leeren. Die Königstochter aß sogleich von den schönen Kirschen. Es dauerte nicht lange, da war sie wieder gesund.
Der König hätte nun dem Burschen seine Tochter zur Frau geben müssen, denn das hatte er gelobt, als sie krank gewesen war. Doch nun reute ihn das Gelöbnis, und er verlangte, der junge Mann solle erst einen Scheffel Roggen und einen Scheffel Gerste, die man zusammengeschüttet hatte, auseinanderlesen. Für diese schier unlösbare Arbeit hatte er drei Stunden Zeit. Der Jüngling ging hinaus in den Wald zum Ameisenhaufen und warf die Körner den Ameisen hin, damit sie den Roggen von der Gerste trennten. Im Nu erledigten das die Ameisen. Genau nach drei Stunden konnte er dem König die zwei Scheffel zurückbringen.
Dieser wollte den lästigen Freier loswerden und verlangte, er solle einen Ring suchen, der der Prinzessin vor Jahr und Tag in den See gefallen war.
Der junge Mann ging zum See und bat den Fisch, ihm zu helfen. Der Fisch tauchte hinunter und kam mit dem Ring im Maul wieder herauf.
Jetzt war auch die zweite Aufgabe erfüllt, doch der König wollte ihm immer noch nicht seine Tochter zur Frau geben. Er fand eine neue und noch schwierigere Aufgabe: Die schönste Blume des Himmels und das heißeste Feuer der Hölle wollte er haben.
Der jüngste Sohn stieg auf einen hohen Berg; er stieg hinauf, bis er den Himmel erreichte. Dort fand er den Engel, den er mit dem Teufel ausgesöhnt hatte. Der Engel pflückte für ihn die schönste Blume des Himmels.
Danach stieg der Jüngling in das Innere des Berges hinab, ganz tief hinunter, bis er in die Hölle gelangte. Er bat den Teufel, den er mit dem Engel ausgesöhnt hatte, um das heißeste Feuer. Dieser brachte ihm eine Fackel. Frohgemut kehrte er ins Königsschloß zurück. Als er Blume und Fackel dem König übergeben hatte, mußte dieser ihm seine Tochter zur Frau geben.
Sie wurden ein glückliches, schönes Paar, und wenn sie nicht gestorben sind, dann leben sie noch heute.

## Das Purzinigele

Vor langer, langer Zeit lebte einmal ein reicher und mächtiger Graf. Er hatte alles, was sein Herz begehrte, auch eine gute, liebe Frau, die so schön war wie der helle Tag. Die beiden lebten glücklich und in Frieden mitsammen; in ihrem Schloß gab es weder Kummer noch Sorgen.
Eines Tages ritt der Graf in den Wald, um zu jagen. Er geriet immer tiefer hinein und verlor seine Begleiter. Bald wußte er nicht mehr, wohin er sich wenden sollte, denn die Gegend war ihm ganz fremd.
Wie er sich so abmühte, den rechten Pfad zu finden, stand plötzlich ein Nörglein vor ihm. Das Männlein war kaum drei Spannen lang, und sein weißer Bart reichte ihm fast bis zum Knie. Es rollte zornig seine glutroten Augen und rief: „Was hast du hier in meinem Wald zu suchen? Wer sich hierher verirrt, ist mir verfallen. Jetzt kommst du nicht mehr lebend davon, es sei denn, du überläßt mir deine schöne Frau!"
Der Graf war sehr erschrocken über das Erscheinen des Nörgleins und über seine bösen Worte. Er wußte wohl, daß diese kleinen Waldbewohner über unheimliche Kräfte und zauberische Macht verfügten, deshalb nahm er die Drohung des Kleinen ernst und bemühte sich, das Nörglein zu versöhnen. „Verzeihe mir, daß ich in dein Gebiet eingedrungen bin", bat er. „Ich habe es nicht mutwillig getan und will darauf achten, daß es nie mehr geschieht!"
Das zornige Nörglein aber beharrte auf seiner Forderung: „Entscheide dich! Entweder du verlierst dein Leben, oder deine Frau gehört mir!"
„Das kann ich nicht, hab doch Erbarmen und verlange etwas anderes von mir. Ich will es dir mit Freuden geben!"
Da schien sich das Nörglein zu besinnen; es wurde freundlicher und sagte: „Gut, so will ich euer Schicksal in die Hände deiner Frau legen. Einen Monat Frist gewähre ich euch, doch dann muß sie meinen Namen erraten. Drei Antworten lasse ich gelten. Errät sie meinen Namen, dann soll sie weiter dir gehören. Errät sie ihn nicht, dann muß sie mit mir gehen!"
Sorgenschwer ritt der Graf zurück. Das Nörglein begleitete ihn und zeigte ihm den rechten Weg. Nach einer Weile, als sie bei einer uralten hohen Tanne angelangt waren, sagte der Kleine: „Hier ist die Grenze meines Gebiets. Bei dieser Tanne, die neunmal so alt ist wie die übrigen Bäume, will ich deine Frau erwarten. Dreimal kann sie unter dreimal raten! So ist es abgemacht. Du mußt dein Wort halten, sonst soll es euch übel ergehen." Hierauf verschwand das Nörglein wieder im Dickicht.
Je näher der Graf seinem Schloß kam, desto trauriger und trüber wurde er. Besorgt fragte die junge Gräfin, die ihm entgegeneilte, was ihm fehle. Der Graf erzählte ihr alles, was er im Wald erlebt hatte. Als die Gräfin das hörte, wurde sie leichenblaß; Tränen liefen ihr über die Wangen. Ein Unheil war über das Schloß gekommen, alle Lust und Freude waren verschwunden. Still und traurig vergingen die Tage. Wer konnte ihnen helfen?
So kam die Zeit heran, in der die junge

Gräfin zum erstenmal hinaus in den Wald zu der hohen Tanne gehen sollte, um den Namen des Nörgleins zu erraten. Der Graf begleitete sie, blieb jedoch vor der Grenze des fremden Gebiets stehen, während seine Frau auf die hohe uralte Tanne zuschritt. Dort wartete bereits das Nörglein auf sie. Es war in rote und grüne Kleider gehüllt und sprang aufgeregt von einem Fuß auf den anderen. „Ratet meinen Namen, Frau Gräfin, ratet!" rief es ganz ungeduldig.

Da riet die Gräfin: „Heißt du Tanne oder Fichte oder Föhre?" Sie dachte, weil der Kleine doch im Wald wohnte, mochte er auch den Namen eines Baumes tragen.

Das Nörglein aber lachte laut und schadenfroh auf: „Du hast ihn nicht erraten, meinen Namen! Schau zu, daß es morgen besser geht als heute, sonst mußt du meine Frau werden!"

Da wurde die Gräfin noch trauriger und ging weinend zurück zu ihrem Gemahl. „Ich habe schlecht geraten", sagte sie. „Morgen muß ich zum zweitenmal hierher kommen!"

Traurig gingen die Stunden dahin. Der Graf und die Gräfin suchten Trost beim Gebet in der Schloßkapelle. Am nächsten Morgen wanderten sie wieder hinaus in den Wald. Allein schritt die Gräfin auf die uralte Tanne zu. Diesmal war das Nörglein in Blau und Rot gekleidet. Es hüpfte und sprang freudig herum. „Nun, ratet, ratet meinen Namen, Frau Gräfin!" schrie es ihr entgegen.

„Heißt du Hafer oder Plenten oder Türken?" riet die Gräfin, denn sie dachte an einen Getreidenamen.

Kaum hatte das Nörglein das gehört, da jauchzte es auf, daß es nur so hallte im Wald. „Falsch geraten! Falsch geraten! Morgen muß es besser gehen, oder du gehörst mir und wir feiern noch morgen Hochzeit!"

Noch trauriger ging die junge, schöne Gräfin mit ihrem Gemahl ins Schloß zurück. Wieder folgten ein trüber Abend und eine sorgenvolle Nacht.

Als der Morgen dämmerte, holten sich der Graf und die Gräfin Trost beim Gebet in der Burgkapelle. Dann wanderten sie hinaus in den frischen grünen Wald. Als sie die hohe Tanne sahen, nahmen sie herzzerreißenden Abschied von einander, denn sie wußten ja nicht, ob sie einander je wiedersehen würden.

Die schöne Gräfin ging allein weiter; es war noch sehr früh am Morgen. Die Vögel waren noch nicht erwacht; auch das Nörglein war noch nicht zur Stelle. Die Gräfin wanderte daher weiter, vorbei an der hohen Tanne, und gelangte plötzlich in ein kleines, helles Tal. Darin blühten die schönsten Blumen, und an den Abhängen standen Feigenbäumchen und Rebstöcke.

Plötzlich sah sie vor sich ein kleines Häuschen: sauber und fein, mit blitzenden Fensterchen und einem kleinen Kamin, aus dem blauer Rauch aufstieg. Sie hörte auch Gesang im Inneren des Häuschens, dazwischen klapperten Teller und Becher. Die Gräfin lugte neugierig durchs Fenster. Bei einem Feuer tanzte das Nörglein und dazu sang es:

„Siede mein Häfele,
plupper mein Kraut,
's ist gut, daß die Frau Gräfin nit weiß,
daß ich Purzinigele heiß!"

Die junge Gräfin hatte genug gehört. Leise schlich sie wieder fort und eilte rasch zur hohen Tanne zurück, damit sie noch vor dem Nörglein dort war. Voll Freude wartete sie nun auf den

Wicht, denn nun wußte sie ja seinen Namen.
Das Nörglein war heute noch prächtiger gekleidet als gestern. Es hatte ein golddurchwirktes Kleid an, das glänzte wie die Morgenröte. „Nun ratet zum letzten Mal, Frau Gräfin, ratet nur!"
Die Gräfin fing nun mit „Pur" an und blinzelte dabei nach dem Kleinen.
„Nicht getroffen", rief er, „du darfst nur noch zweimal raten!"
„Ziege", sprach die Gräfin weiter.
Da schien es, als wäre das Nörglein betroffen, doch es rief gleich: „Nicht getroffen, einmal darfst du noch raten!"
„Dein Name ist Purzinigele!" rief die Gräfin.
Als das Nörglein seinen Namen hörte, rollte es zornig die glutroten Augen, ballte seine kleinen Fäuste und verschwand blitzschnell im Dickicht.
Die Glückliche aber eilte zurück zu ihrem Gemahl und fiel ihm um den Hals. Das war eine Freude, man kann sie gar nicht beschreiben! Der Graf und die Gräfin eilten zurück auf ihr Schloß. Dort lebten sie viele Jahre als glückliches Paar.
Wo aber ist das Purzinigele geblieben? Das ist in seinem Zorn und seiner Wut auf und davon gelaufen, und seither hat man es nicht mehr gesehen. Auch das schöne Tal mit dem Häuschen hat niemand mehr gefunden.

## Das Schönste, Stärkste und Reichste

Es standen einmal zwei Bauern vor Gericht: ein reicher und ein armer. Die beiden stritten fürchterlich. Der Richter, der ein kluger Mann war, hätte dem gerne ein Ende gesetzt. So wollte er sich mit einem listigen Einfall die Leute vom Halse schaffen. Er sagte zu den beiden Streithanseln: „Gebt endlich Frieden, es schaut nichts heraus bei eurem Streit! Wir wollen das Verfahren abkürzen. Wer mir bis morgen eine Frage richtig beantworten kann, der soll den Prozeß gewonnen haben. So hört meine Frage: Was ist das Schönste, Stärkste und Reichste auf der Welt?“ Da schauten sich die beiden Bauern verblüfft an, waren es aber doch zufrieden, und jeder ging seines Weges.

Der reiche Bauer war guter Dinge und lobte seinen Freunden und Verwandten gegenüber die Klugheit und Gerechtigkeit des Richters. In seiner Einfalt dachte er nämlich: Mein Weib ist bestimmt die Schönste, meine Ochsen das Stärkste, und ich selber bin der Reichste; das ist so klar wie die Sonne.

Der arme Bauer hingegen war nicht so fröhlich. Er wußte wirklich nicht, wie er antworten sollte, und murrte gegen den Unverstand und die Ungerechtigkeit des Richters.

Als seine Tochter ihn so mißmutig daherkommen sah, dachte sie gleich, daß der Handel nicht gut ausgegangen sei. Um den Vater in bessere Laune zu versetzen, hielt sie ihm aus dem Küchengarten einen Krautkopf entgegen und rief: „Schau nur Vater, so fest und groß sind die Krautköpfe schon lange nicht mehr geraten!“

„Ach, was scheren mich deine Krautköpfe!“ rief der Bauer. „Ich habe den größten Krautkopf gesehen, den es gibt: den Richter!“

„So hast du verspielt, Vater?“ fragte das Mädel.

„Ach, was, verspielt hab' ich's nicht, aber bis morgen muß ich dem Richter die Frage beantworten, was das Schönste, Stärkste und Reichste auf der Welt ist. Errate ich's nicht, dann habe ich den Prozeß verloren!“

„Aber Vater, die Frage ist wahrlich nicht schwer zu beantworten: das Schönste ist der Frühling, das Stärkste allemal der Erdboden und das Reichste der Herbst!“

„Da magst du recht haben“, nickte der Bauer. Er dachte eine Weile darüber nach und fand, daß dies eine kluge Antwort war.

Am nächsten Tag trafen sich die beiden Gegner wieder vor dem Richter. Gleich platzte der reiche Bauer mit seiner Antwort heraus: „Herr Richter, das Schönste ist mein Weib, das Stärkste sind meine Ochsen, und das Reichste bin ich. So hab' ich wohl den Prozeß gewonnen, nicht wahr?“

„Nur Geduld!“ dämpfte der Richter seinen Eifer. „Wir wollen erst hören, was dein Gegner dazu sagt.“ Und er wandte sich dem armen Bauern zu. Bedächtig sagte dieser: „Ja nun, ich meine, das Schönste ist der Frühling, das Stärkste ist der Erdboden, und das Reichste ist der Herbst.“

„Bravo, du weißt die richtige Antwort“, rief der Richter und klopfte dem Bauern auf die Schulter. „Du hast gewonnen. Aber sag mir doch, bevor du gehst, ob das dein Einfall war, oder wer dir diese Antwort eingegeben hat!“

„Oh, darauf bin nicht ich gekommen“,

antwortete der Bauer ehrlich, „meine Tochter war es, die es mir gesagt hat.“
„So, so, deine Tochter!“ nickte der Richter. „Sage ihr, wenn sie es fertigbringt, unangekleidet und doch nicht bloß, nicht bei Tage und nicht bei Nacht, nicht auf der Straße und nicht auf Seitenwegen von eurem Hof bis zu mir in die Stadt zu kommen, so soll sie meine Frau werden!“ Der arme Bauer versprach, seiner Tochter alles genau auszurichten.
Die beiden Bauern machten sich wieder auf den Weg nach Hause. Diesmal aber murrte der Reiche über die Torheit und Ungerechtigkeit des Richters, während der Arme fröhlich dahinschritt und jedem, der es hören wollte, von der Weisheit und Gerechtigkeit des Richters erzählte.
Als er heimkam, rief ihm seine Tochter schon von der Haustüre entgegen: „Vater, hab' ich's erraten oder nicht?“
„Ja, ja, du neunmalkluges Mädel, du hast's erraten! Und der Herr Richter läßt dir sagen: Wenn du imstande bist, unangezogen und doch nicht nackt, nicht bei Tag und nicht bei Nacht, nicht auf der Straße und nicht auf Seitenwegen von hier bis zu ihm in die Stadt zu kommen, so will er dich zur Frau nehmen!“
„Was? Ich soll Frau Richterin werden? Das wäre mir schon recht!“ rief die Tochter. Sie dachte nun angestrengt darüber nach, wie sie die Aufgabe lösen könne. Bald fiel ihr auch etwas Kluges ein. Sie ließ den Weg von ihrem Haus bis in die Stadt mit Brettern belegen, zog sich aus und wickelte sich nur in ein großes Fischernetz ein. So ging sie dann in der Abenddämmerung über den Brettersteg zum Richter.
„Donnerwetter, das hast du gut gelöst“, freute er sich über die Klugheit des Mädchens. Er hielt sein gegebenes Versprechen, und übers Monat fand die Hochzeit des Paares statt. Allerdings hatte der Bräutigam seiner Braut eine Bedingung gesetzt: Sie dürfe keinem, der vor Gericht stehe, einen Rat erteilen. Die junge Frau war damit einverstanden und versprach es hoch und heilig.
Doch eines Tages kam ein früherer Nachbar aus dem Dorfe zur Frau Richterin und bat sie um Hilfe in einem Rechtsstreit. Der Arme war in arge Bedrängnis geraten und wußte nicht ein noch aus.
Die junge Frau weigerte sich standhaft, ihm einen Rat zu erteilen, denn sie wollte ja ihren Mann nicht verlieren. Doch der Nachbar hörte nicht auf zu betteln, bis daß sie sich erweichen ließ. „Aber verrate kein Sterbenswörtchen, daß ich dir geholfen habe. Du mußt mir das versprechen, hörst du?“ rief sie ihm nach.
Der Bauer verfocht nun vor Gericht seine Sache so geschickt, daß er den Prozeß gewann. Dem Richter aber war klar, daß diese klugen Worte nicht vom Bauern selbst stammen. Er nahm ihn zur Seite und trieb ihn mit seinen Fragen derart in die Enge, daß er schließlich gestehen mußte, wer seine Ratgeberin gewesen war.
Aufgebracht und voll Zorn schrie der Richter seiner Frau zu: „Du hast unsere Abmachung gebrochen! Verlasse augenblicklich mein Haus!“
Die Frau ließ sich aber nicht einschüchtern. Sie bat den Erzürnten um eine letzte Gunst. „Was willst du?“ fragte der Richter.
„Ich bitte dich nur, daß du noch einmal an meiner Seite bei Tische sitzt und daß ich beim Weggehen das mitnehmen darf, was mir das Liebste in diesem

Haus ist", erwiderte die kluge Frau. So setzten sie sich zur Essenszeit noch einmal zusammen. Sie aßen und tranken, wie sie es gewohnt waren. Nun mochte der Richter, dem die Sache doch recht nahe ging, seinen Ärger allzusehr mit dem guten Rotwein gelöscht haben, denn er wurde schläfrig und nickte endlich ein. Als er zu schnarchen begann, lächelte die kluge Frau und ging ans Werk. Sie packte ihren schlafenden Mann – der ja ihr Liebstes war – auf einen Wagen und fuhr mit ihm davon.
Durch das Rütteln des Wagens erwachte der Richter aus seinem Rausch. Er rieb sich den Schlaf aus den Augen. Als er merkte, was geschehen war, lachte er und sagte: „Frau Richterin, du bist wieder einmal die Klügere gewesen!" Er bat sie um Verzeihung, und sie fuhren wieder nach Hause.
Der Richter und seine Richterin aber lebten viele Jahre in Frieden und Eintracht zusammen.
Und jener, der mir diese Geschichte erzählt hat, fügte hinzu: Er würde nicht wünschen, daß alle Weiber so klug wären wie jene Frau Richterin.

# Das Märchen von den Eichenblättern

Einmal, vor langer Zeit, ist der Teufel zum Herrgott gegangen und hat gesagt: „Ich höre mich so um in der Welt, und da merke ich, daß die Menschen mit deiner Herrschaft oft nicht einverstanden sind. Ich würde die Welt viel besser regieren als du. Über meine Herrschaft würden sich die Menschen sicher nicht beklagen. Überlaß mir daher, wenigstens für eine kurze Zeit, die Weltherrschaft!"
Darauf antwortete der liebe Gott: „Ich weiß nicht, ob du der Richtige bist, um die Welt zu lenken."
„So laß mich zur Probe nur einen einzigen Tag regieren!" bat der Teufel. Der liebe Gott nickte. „Gut, es sei! Aber erst dann, wenn von allen Bäumen die Blätter abgefallen sind. Dann will ich dir für einen Tag die Welt anvertrauen."
Der Teufel rieb sich die Hände und freute sich. Von nun an paßte er gut auf, um ja den richtigen Zeitpunkt nicht zu übersehen.
Als zu Beginn der kalten Jahreszeit die Bäume kahl dastanden und das welke Laub am Boden lag, wollte der Teufel die Weltregierung übernehmen. Der liebe Gott verwies ihn aber auf die Eichen, die ihr Laub noch nicht abgeworfen hatten. Als nun die Eichen endlich ihre Blätter fallen ließen, standen schon wieder einige andere Bäume im Schmuck ihrer frischen Blätter da.
Der Teufel mußte einsehen, daß ihm die Eichen den ganzen Plan verdorben hatten. Er wurde so wütend, daß er in den Eichenwald raste und mit seinen langen Krallen ihre Blätter zerfetzte. Seht ihr, seit dieser Zeit sind die Blätter der Eiche am Rand eingerissen.

# Susanka und die Wassergeister

Es war einmal ein armes Waisenkind, das hieß Susanka. Das Mädchen diente beim reichen und geizigen Bauern Kurzejka als Gänsemagd. Dem Hund Karo ging es aber bei dem Bauern viel besser als Susanka. Karo bekam Kipferl mit Butter, Susanka nur trockenes Brot. Karo durfte die fette Milch aus der Schüssel schlecken, Susanka hatte nur ein Wassersüppchen in ihrem Napf. Karo schlief auf dem weichen Kissen in der guten Stube, Susanka hatte kein Bett, sondern nur einen zerrissenen Strohsack im Kuhstall.
Ja, so war es: der reiche Bauer Kurzejka hatte kein Herz. Wahrscheinlich trug er statt dessen einen Kohlstrunk in der Brust. Die arme Susanka dagegen hatte ein gutes, weiches wie mit lauter Honig gefülltes Herz, denn sie wünschte allen Menschen nur Gutes. Sie klagte niemals und ertrug geduldig alles, was ihr das Schicksal antat.
Die kleinen Wassergeister, die unweit des Hofes im Fluß Olsa hausten, wußten dies gewiß genau. Sie waren sehr klug. Sie wußten, daß der armen Susanka viel Unrecht geschah, daß der Bauer Kurzejka jeden Abend seine Taler aus der großen Truhe zählte und daß er den Sack mit den Talern mit ins Bett nahm, aus Angst, man könne ihm nachts seinen Schatz stehlen. Woher die Wassergeisterchen das alles wußten, ist schwer zu erraten. Wahrscheinlich stiegen sie bei Mondschein aus dem Wasser und guckten überall hinein, denn neugierig waren sie ja.
Als Susanka eines Tages nicht nur die Gänse, sondern auch die Kühe am Ufer der Olsa hütete, stiegen ein paar Wassergeister aus den Wellen und platschten ans Ufer. Neugierig schauten sie das Hütermädchen an, denn sie hatten schon lange kein Menschenkind gesehen, das ein so gutes Herz besaß. Die kleinen Wassermänner nickten mit den runden Köpfchen und kratzten sich hinter den Ohren, denn sie dachten darüber nach, wie sie der armen Susanka helfen könnten. Es war schwer, einen guten Rat zu finden.
Daß Susanka die Wassergeister in ihrer Nähe nicht sah, war damit zu erklären, daß diese sich, wenn sie wollten, vor den Menschen unsichtbar machen konnten. Sie waren ein friedliches und freundliches kleines Volk. Wenn der Mond schien, wagten sie sich bis auf die Wiese hinauf, dort trippelten sie von einer Blume zur anderen, blickten in die Kelche hinein, schnupperten daran und niesten. Das alles machte ihnen große Freude.
Einmal in der Nacht, als der Mond besonders hell schien, begab sich sogar der König der Wassergeisterchen auf einen Spaziergang. Er sah wie eine riesige, freundliche Kröte aus. Auf sein Zepter gestützt, watschelte er langsam daher und hielt ab und zu seine kleine Krone fest, damit sie ihm nicht vom Kopf rutschte. Er roch an jeder Blume, an der er vorbeikam, nieste und streichelte zufrieden sein Bäuchlein. Er war schon sehr alt, der kleine König, und wurde bald müde. So setzte er sich unter ein großes Blatt und schlief ein. Er schlief so fest, daß er gar nicht merkte, daß die Sonne schon hoch am Himmel stand und allen Tau aufgetrocknet hatte. Endlich weckte ihn das Summen einer Biene. Erschrocken fuhr der kleine König der Wassergeister

auf. Er jammerte: „O weh, o weh, was soll ich denn jetzt machen? Ich Ärmster . . . o weh!"
Susanka, die in der Nähe die Kühe hütete, hörte das Gejammer. Da sah sie unter dem Klettenblatt ein kleines Geschöpf sitzen, das wie eine Kröte ausschaute. Es weinte und wischte sich mit den Ärmchen die nassen Augen aus.
„Aber Krötchen, warum weinst und jammerst du so sehr?" fragte Susanka mitleidig. „Tut dir etwas weh?"
„Ach nein, nein, weh tut mir nichts, weder das Bäuchlein noch das Köpfchen, aber der Tau ist aufgetrocknet! Es gibt keinen Tau mehr!"
„Was ist denn da Schlimmes dabei? In der Nacht wird neuer Tau fallen!"
„Ja, ja, da hast du recht. Aber ich bin keine Kröte und auch kein Frosch, sondern der König der Wassermänner, und ohne Tau kann ich nicht bis zum Fluß gehen! Wenn es keinen Tau gibt, bin ich verloren, o weh, o weh!" Und er fing wieder zu jammern und zu weinen an.
Susanka mit ihrem weichen Herzen, das süß wie aus Honig war, konnte das nicht ertragen. Rasch sagte sie: „Weine nicht mehr! Es ist ganz einfach: ich trage dich hinunter zum Fluß, kleiner König!"
„Willst du mich wirklich hinuntertragen?"
„Freilich! Warum denn nicht?"
„Wird es dich nicht ekeln, mich anzugreifen?"
„Aber warum sollte ich mich denn ekeln?"
„Weil ich doch einer Kröte so ähnlich sehe und die Menschen sich vor Kröten ekeln."
Da lachte Susanka. Sie hob den König der Wassermännchen vorsichtig auf und trug ihn zur Olsa hinunter. Dann beugte sie sich über das Ufer und setzte den kleinen König in die Fluten. In diesem Augenblick wurde es lebendig rund um sie. Das Wasser teilte sich auf wunderbare Weise, so daß ein Weg entstand. Aus der Tiefe kamen von allen Seiten kleine Wassermänner und -weiblein herbei. Sie hatten alle besorgte Gesichter und schienen sehr glücklich darüber, ihren König wiederzuhaben. Sie hatten schon befürchtet, daß ein Storch ihn verschluckt habe. Im ganzen Wassergeisterreich hatte man geweint und geklagt, und beinahe wäre das älteste Wassermännchen zum neuen König ernannt worden. Doch jetzt waren alle froh, daß sie ihren guten alten König wieder hatten.
Nun war mit diesem etwas Seltsames geschehen: Sobald er das Wasser berührt hatte, veränderte sich sein Aussehen. Er war wieder der König der Wassergeister geworden, mit dem Zepter in der Hand und der Krone auf dem Kopf. Er hatte einen roten Königsmantel an, eine goldene Schärpe um den Bauch und goldene Pantoffel an den Füßen. „Ruhe, ihr Wassermännlein!" rief er streng und schlug mit dem Zepter auf das Wasser. Da hörte das Stimmengewirr, das wie Quaken klang, im Nu auf. Es wurde so still, als ob man Mohn säte. Dann nahm der kleine König vor Susanka, seiner Retterin, die Krone ab wie einen Hut und sagte: „Susanka, du bist ein edles Menschenkind, ich will dir danken für deine Hilfe. Du sollst mir jetzt sagen, womit ich dich belohnen kann."
„Vielen Dank, Herr König, aber ich will gar nichts. Ich habe es ja gern getan!" lachte Susanka.
Die Wassermännlein und auch ihr

König standen da und starrten das Mädchen an. Endlich fragte der König: „Vielleicht möchtest du Geld, Edelsteine oder Perlen haben?"
„Dankeschön, das brauche ich wirklich nicht."
„Aber eine Belohnung mußt du doch bekommen. Sag uns, was du dir wünschst!" drängte der kleine König.
„Dann möchte ich gern dein Königreich unter dem Wasser sehen."
„Einverstanden", quakte der kleine König, „wenn du aber schon mit mir unter das Wasser kommen willst, dann erweise mir die Ehre und werde Taufpatin meines jüngsten Kindes, das gestern geboren wurde!"
„Aber ja, mit größter Freude!" rief Susanka. „Ich habe nur die Sorge, was aus meinen Kühen und Gänsen wird, während ich in deinem Reich bin. Wenn einem Tier etwas zustößt, dann bekomme ich Schläge vom Bauern und kein Essen."
Der kleine Wassermann-König kratzte sich wieder hinter dem Ohr und dachte angestrengt nach, dann sagte er: „Mache dir deshalb nur keine Sorgen, Susanka. Meine Wassermännlein werden schon aufpassen, daß deine Tiere brav auf der Weide bleiben und daß die Gänse nicht zu nahe an den Fluß gehen."
So geschah es, wirklich hüteten ein paar Wassermännlein die Kühe und paßten auf die Gänse auf. So konnte Susanka mit dem kleinen König in die Tiefe des Flusses steigen. Und denkt euch, sie hatte gar keine Angst, daß ihr etwas Schlimmes passieren könnte!
In dem Schloß unter dem Wasser gab es große Säle, die mit Gold, Alabaster, Marmor, Diamanten und kostbaren Teppichen geschmückt waren. Der Thron war ganz aus Gold und Edelsteinen gearbeitet. Von allen Seiten ertönte eine wunderbare Musik, und das silberne Mondlicht erhellte den Saal. So wie auf der Erde Vögel und Schmetterlinge herumfliegen, so schwammen hier goldene und bunt schimmernde Fische herum. Manchesmal sahen sie wie seltsame Blumen aus, wie goldene oder purpurrote Chrysanthemen. Susankas Herz klopfte laut vor Glück. Der König schritt zu seinem Thron, neben dem eine kleine kostbare Wiege stand. Sie war ringsum mit schimmernden Perlen verziert, und das winzigkleine Kind, das rosig und rundlich darin lag, spielte mit einer Muschel, aus der eine zarte Musik ertönte. Leider war das Kind genauso häßlich wie alle anderen Wassermännlein.
Der König sagte zu Susanka: „Nimm das Kind aus der Wiege, küsse es dreimal auf die Stirn und drücke es an dein Herz!" Susanka tat dies. Als sie das Kindchen wieder zurück in seine Wiege legen wollte, da geschah etwas Sonderbares. Aus dem kleinen Wassermännchenkind, das einer häßlichen Kröte ähnlich sah, wurde ein wunderschönes, ganz winziges Menschenkind mit blauen Augen. Nur die Schwimmhäute zwischen den Fingern und Zehen waren ihm geblieben.
Voll Freude rief der kleine König: „Susanka, du bist ein gutes Mädchen!"
Da begannen alle goldenen Fische ringsum den Trojak zu tanzen, einen festlichen, fröhlichen Tanz.
„Du bist wirklich ein gutes Mädchen", sagte der kleine König noch einmal. „Du sollst für dein gutes Herz belohnt werden! Ich weiß, daß dich der Bauer Kurzejka hungern läßt, deshalb will ich meinen Dienern befehlen, ihn ins

Wasser zu locken, wo er ertrinken soll. Wenn er abends betrunken nach Hause geht, läßt sich das leicht machen. Willst du das?“
„Nein, nein, o König! Ich will das nicht, bitte tut das nicht!“ rief das Mädchen. Da wunderte sich der König sehr. Alle Wassermännlein, die das gehört hatten, wunderten sich auch, so daß sie ihre Mäulchen vor Staunen aufrissen. Auch die Fische glotzten mit großen runden Augen. Alle sahen voll Staunen auf Susanka.
„Wenn du nicht willst“, sagte der kleine König, „daß meine Diener deinen Bauern bestrafen, dann nimm dir wenigstens zum Dank soviel Gold und Edelsteine mit hinauf auf die Erde, wie du nur möchtest!“ Er zeigte mit seinem Zepter auf eine Truhe, die bis an den Rand mit kostbaren Stücken gefüllt war. Es ging ein solcher Glanz von ihr aus, daß Susanka geblendet die Augen schließen mußte.
„Hab vielen Dank, mein König! Aber was vom Herzen getan wurde, kann man nur mit dem Herzen bezahlen. Dein Gold und deine Edelsteine nehme ich nicht an.“
Der König der Wassermännchen konnte die Antwort des Mädchens nicht fassen. Immer wieder schüttelte er seinen großen runden Kopf und rief endlich: „Laßt den Hofgelehrten kommen! Er soll mir die Antwort von Susanka erklären.“
Der Hofgelehrte kam. Er sah aus wie die anderen Wassermännlein, nur hatte er eine Brille auf der Nase und war sehr dünn und hager. Er trug ein dickes Buch bei sich, dieses schlug er sogleich auf und suchte lange nach einer Erklärung für die Worte des Mädchens. Als er sie endlich gefunden hatte, sagte er: „Mein König, im Buche der Weisheit steht geschrieben, daß Susanka ein goldenes, warmes und mitfühlendes Herz hat, dies erklärt ihre Antwort.“
„Also kann man eine gute Tat, die aus dem Herzen kommt, wieder nur mit einer guten Tat belohnen“, nickte der König. Endlich hatte er es verstanden. Er begleitete Susanka bis zum Eingang seines Königreiches, und als es ans Abschiednehmen ging, sagte Susanka: „Jetzt ist mir etwas eingefallen, worum ich dich bitten möchte!“
„Sag es, sag es doch, was möchtest du haben?“
Und Susanka sagte: „Schau nur, lieber König, dieser Fluß, die Olsa, tritt jedes Jahr aus den Ufern und schwemmt den armen Menschen die Felder weg. Richtet es doch so ein, daß die armen Leute nicht solchen Schaden haben! Das ist alles, worum ich dich bitten möchte.“
Der Wassermännchen-König kratzte sich wieder hinter dem Ohr, denn das hatte er nicht erwartet. Das Mädchen bat nicht um Gold und Silber, sondern um Hilfe gegen den Fluß, der den Menschen Schaden zufügte. „Es soll so sein, wie du es wünschst“, sagte er dann und winkte seinen Dienern. Sie mußten Susanka bis zur Wiese begleiten, wo ihre Kühe und Gänse friedlich weideten.
Susanka verrichtete ihr Tagewerk, sie aß am Abend ihr Wassersüpplein mit trockenem Brot und legte sich dann auf den zerrissenen Strohsack schlafen. Doch diesmal erschien ihr das Strohlager besonders hart und unbequem, viel härter als sonst. Als sie in den Strohsack faßte, um nachzusehen, waren keine biegsamen Strohhalme darin, sondern lauter Halme aus reinem Gold. Sogar die Kühe kamen näher und schnupperten

verwundert daran. Sie muhten laut und machten so die Gänse auf diese seltsame Verwandlung aufmerksam.
Der Bauer Kurzejka hörte das laute Muhen der Kühe und das Schnattern der Gänse und dachte, es sei ein Marder in den Stall geschlüpft. So kam er schnell gelaufen, um nachzuschauen. Da sah er vor sich den Strohsack, aus dem das Gold nur so glänzte. Er schrie laut auf: „O jerum pajtasz! Gold, lauter Gold!" Er griff nach den goldenen Halmen, doch wie er sie in der Hand hatte, waren es wieder nur ganz gewöhnliche Strohhalme. Er probierte es noch einmal und noch einmal, doch immer wieder hatte er statt Gold nur leeres Stroh in der Hand. „Zum Teufel! Das ist Hexerei!" fluchte er.
„O nein, das ist nur meine Belohnung von den Wassermännchen, weil ich ihren kleinen König gerettet habe", sagte Susanka.
Der Bauer schüttelte den Kopf: „Was sagst du da? Erzähle alles ganz genau, wie es sich zugetragen hat!"
So erzählte Susanka, wie alles gekommen war, auch daß sie Patin des Königskindes geworden war und daß sie den kleinen König gebeten hätte, die Olsa nicht mehr über das Ufer treten zu lassen, damit den armen Leuten kein Schaden mehr zugefügt werde.
Der Bauer Kurzejka konnte das alles nicht verstehen. Er war nur erbittert darüber, daß nicht er, sondern die arme kleine Susanka das viele Gold erhalten hatte. Einen mit Gold gefüllten Strohsack – ja, den hätte er wohl gern gehabt!
Als ein Jahr vergangen war, schickte der König des Nachbarlandes Gesandte zu Susanka. Sie baten um ihre Hand für den jungen Königssohn. Susanka war einverstanden, denn sie dachte, daß sie als Königin oft Gelegenheit haben würde, den armen Menschen ihres Landes zu helfen. Sie nahm also ihren goldenen Strohsack und bestieg die königliche Kutsche, die sie an den Königshof brachte. Bald darauf wurde eine große, fröhliche Hochzeit gefeiert – Susanka wurde Königin.
Was aber geschah weiter mit dem Bauern Kurzejka? Er war immer noch sehr unglücklich, daß die Geschichte mit den Wassermännlein nicht ihm, sondern Susanka passiert war.
Jedesmal, wenn eine Mondnacht war und Tau auf den Wiesen lag, stand er sehr zeitig auf und suchte auf der Wiese den König der Wassergeister. Immer hoffte er, ihn zu finden. Tatsächlich hörte er einmal das Jammern einer dünnen Stimme unter einem Klettenblatt. Er eilte dorthin und sah eine große, häßliche Kröte im Gras sitzen. Die Kröte bat ihn: „Ach, sei so gut und trage mich hinunter zum Fluß, ich kann so weit nicht laufen."
Der Bauer dachte an Susankas Erzählung und wollte es genau so machen wie sie. Also nahm er ein Taschentuch, denn er ekelte sich vor der großen Kröte, packte sie, trug sie zur Olsa und warf sie dort voll Abscheu ins Wasser. Kaum hatte die Kröte das Wasser berührt, verwandelte sie sich in ein Wassermännlein mit Krone, Zepter und rotem Mantel. Der kleine König verbeugte sich nun tief vor dem Bauern Kurzejka, nahm die Krone ab und sagte: „Mein Lieber, du hast mir das Leben gerettet, indem du mich wieder zum Wasser gebracht hast. Wie soll ich dich nun belohnen?"
Das war Musik in Kurzejkas Ohren. Er verneigte sich ebenfalls und sagte: „Mächtiger König der Wassergeister! Ich bitte dich um dieselbe Belohnung, wie

sie die Magd Susanka von dir erhalten hat."
„Hm, nun gut", nickte der kleine König und verschwand im Fluß. Und alle Wassermännlein und -weiblein und Wasserkinderlein verschwanden mit ihm.
Frohgemut ging der Bauer nach Hause. Er füllte seinen Sack mit Stroh und legte ihn neben die Truhe, in der er seine Taler aufbewahrte. Als es Abend wurde, ging er schlafen und wartete mit Freude auf den Morgen. Denn am Morgen, so dachte er, werde er ganz bestimmt schon auf lauter Gold liegen.
Er schlief und schnarchte, bis die Sonne schon hoch am Himmel stand. Da sprang er auf und betastete gleich seinen Strohsack – aber es war nichts geschehen. Er fand nur gewöhnliches Stroh, kein Gold darin. Kein Gold! Er wurde wütend und traurig zugleich. Um sich zu trösten und sein Herz zu erfreuen, beschloß er, wenigstens die Taler in seiner Truhe zu zählen. Ach, ihr wißt ja: er hatte kein Herz, sondern nur einen Kohlstrunk in seiner Brust!
Kurzejka öffnete also die Truhe, doch statt mit Talern, wie bisher, war die Truhe jetzt nur mit Häcksel gefüllt; lauter kleine Säcke mit wertlosem Häcksel! Nun hatte der Bauer auch keine Taler mehr und war mit einem Schlag bettelarm geworden. Doch das war die gerechte Strafe für seinen Geiz und seine Habgier.

# Der goldene Zopf

Als zwölftes Kind einer armen Familie wurde ein Mädchen geboren. Da es schwer war, einen Paten für das Neugeborene zu finden, sagte der Vater: „Jetzt gehe ich hin und lade den Erstbesten, dem ich auf der Straße begegne, zum Paten für meine Tochter ein.“
Schon von weitem sah er eine Hexe daherkommen. Er wollte ihr nicht begegnen, deshalb machte er einen Umweg. Auf einer Bank unter einem Baum sah er zwei alte Leute sitzen, es waren Mann und Frau. Er ging gleich auf sie zu und fragte: „Wollt Ihr nicht am Sonntag Pate stehen bei der Taufe meiner jüngsten Tochter?“
Doch die Hexe, der er ausgewichen war, hatte das gehört und rief böse: „Mich wolltest du nicht einladen! Na warte nur, du sollst es noch erleben, daß deine Tochter in ihrem Leben kein Glück haben wird!“
Die beiden Alten sagten aber: „Nur keine Sorgen! Deine Tochter wird doch Glück über Glück haben! Ein junger König wird mit sechs weißen Pferden vorfahren und um ihre Hand anhalten.“ Sie versprachen auch Pate zu stehen und stellten sich am Sonntag pünktlich in der Kirche ein. Die Alten waren Joachim und Anna, die Eltern der Muttergottes. Doch das wußte niemand. Das Kind wurde getauft und bekam den Namen der Patin. Diese schenkte ihr einen dicken goldenen Zopf. Der Pate legte eine Schere dazu. Anuszka wuchs heran und wurde ein hübsches Mädchen. Auch der goldene Zopf wuchs und wurde immer länger. Das Mädchen schnitt jeden Abend ein Stück davon ab und verspann es zu einem feinen goldenen Garn. Eine ganze Elle hatte sie schon davon gesponnen, die die Mutter an die Königin verkaufte.
Eines Tages erkrankte der junge Königssohn. Man wußte sich keinen Rat, wie ihm zu helfen sei. Ein weiser Mann riet ihm, sich einen Mantel aus goldenem Garn weben zu lassen und diesen stets zu tragen. Die Königin ließ nun aus dem goldenen Garn den Mantel weben. Der Königssohn trug ihn, und sein Leiden wurde wirklich besser. Das brachte Anuszka Glück.
Eines Tages ging der Prinz im Wald spazieren. Er verirrte sich und begegnete einer Hexe, die gerade Kräuter sammelte. Die sprach ihn an: „Wohin des Weges, junger Prinz? Ich weiß, Ihr wart sehr krank, möchtet Ihr nicht eine Arznei aus meinen Kräutern versuchen?“ Gleich trug sie einige Kräuter zusammen, legte sie auf ein Häuflein und zündete sie an. Der Prinz stand daneben und sah ihr zu. Als der Rauch aufstieg, sagte die Hexe: „Nun geht nur weiter, junger Herr, aber geht immer dem Rauch nach! Dann werdet Ihr bald völlig gesund sein!“
Der Prinz drückte der Alten einen Taler in die Hand, bedankte sich und ging seines Weges. Die Hexe blickte ihm kichernd nach. „Hihihi, einen ganzen Taler habe ich bekommen, der Königssohn aber wird nicht gesund werden!“
Indessen ging der Prinz immer dem Rauch nach und gelangte so aus dem Wald aufs freie Feld. Dort sah er unter einem Kirschbaum ein Mädchen sitzen, das sein Spinnrad vor sich hatte und fleißig spann. Neben ihm weidete eine

Kuh, die die Familie aus dem Erlös für das goldene Garn gekauft hatte. So mußten sie nicht mehr Not leiden und hatten genug Milch und Butter.
Der Prinz ging geradewegs auf Anuszka zu. Doch diese erschrak, sie packte ihr Spinnrad und flüchtete damit ins Haus. Der Prinz, dem das Mädchen mit dem goldenen Zopf gefallen hatte, ging ihm nach und traf vor dem Haus die Mutter. „Ihr habt eine Tochter mit einem goldenen Zopf", sagte er. „Ich habe gesehen, wie sie sich das Haar abgeschnitten hat, um es zu verspinnen. Vielleicht ist es dasselbe goldene Garn, aus dem mein Mantel gewebt ist, der mich gesund machen soll. Gebt mir Eure Tochter zur Frau, ich bitte Euch!"
Doch Anuszkas Mutter sträubte sich und sagte: „Wir sind arme Leute, unsere Anuszka kann keinen reichen Königssohn heiraten, das würde nicht gut tun!" Weil aber der Königssohn nicht abließ und inständigst bat, willigten die Eltern schließlich ein. Es wurde Verlobung gefeiert. Drei Wochen später sollte die Hochzeit gefeiert werden. Der Hexe aber wollte man nichts davon sagen.
Als die Glocken zur Trauung läuteten und die Leute von nah und fern zur Kirche eilten, fragte die Hexe ihre Nachbarin: „Was gibt es denn heute, Frau Kiwiczowa? Warum laufen denn die Leute, als ob sie Hasen wären?" Doch die Nachbarin gab ihr keine Antwort und lief eilends davon.
Die Kutsche, mit sechs weißen Pferden bespannt, fuhr vor der Kirche vor. Darin saßen Anuszka und der junge Prinz im goldenen Mantel.
Jetzt wollte auch die Hexe hinlaufen, um ihnen einen bösen Streich zu spielen. Sie rannte aber gegen einen Baumstamm und verstauchte sich das Bein. Da jammerte sie und fluchte, aber es half ihr alles nichts: die Hochzeit wurde fröhlich gefeiert.
Oh, ich sage euch, es war die schönste Hochzeit, die es je gegeben hat. Anuszka war die glücklichste Braut, das könnt ihr mir glauben! Ich war ja auch dort und habe ein Kleid aus Papier, Schuhe aus Glas und einen Hut aus Butter getragen. Als wir zur Kirche fuhren, war es sehr heiß, da ist mein Hut geschmolzen. Als wir die steinernen Stufen hinaufstiegen, da sind meine Schuhe zerbrochen. Und als wir aus der Kirche kamen, regnete es – und da ist mein Kleid auseinandergefallen!

# Milch und Brot

In alten Zeiten soll es den Menschen viel besser gegangen sein als heute. Die Kühe haben sechs Zitzen am Euter gehabt und nicht nur vier. Das Getreide hat nicht nur am obersten Teil des Halmes Körner getragen, sondern den ganzen Halm entlang.
Solcher Überfluß hat die Menschen undankbar und übermütig gemacht. Sie haben die Gottesgaben mißbraucht. So haben sie in der Milch gebadet und das Brot zum Fußabtreten benutzt. Das ist eine ganze Weile so gegangen, dann war aber der Langmut des lieben Herrgotts erschöpft. Er rief: „Ich will ihnen beides wegnehmen, die Milch und das Getreide!"
Da haben die Katzen jämmerlich zu miauen angefangen und haben ihre Pfoten zum lieben Gott aufgehoben. Die jungen Hunde haben gejault und ebenfalls mit den Pfoten gebettelt. Katzen trinken ja gerne Milch, und junge Hunde müssen auch mit Brot gefüttert werden.
Da hat der Herrgott mit den armen Tieren Mitleid gehabt und ihnen die Milch und das Getreide nicht ganz weggenommen. Er hat am Kuheuter vier Zitzen stehen lassen. Man sieht ja heute bei der Kuh, wo die zwei anderen gewesen sind.
Die heilige Maria aber hat die Hände um die Spitzen der Getreidehalme gehalten und gebeten, daß wenigstens das erhalten bleiben soll, was sie mit ihren Händen bedeckt. Maria hat schmale Händen gehabt, und so gibt es heute nur noch ganz oben am Halm einen Streifen voll Körner.

## Für einen Kreuzer hundert

Es war einmal eine arme Witwe, die hatte einen Sohn. Sie erzog ihn, so gut sie es vermochte, und schickte ihn auch fleißig in die Kirche. Einmal hörte der Junge in der Predigt den Satz: Wer den Armen etwas gibt, dem zahlt es Gott hundertfach zurück.

Gleich legte der Junge einen Kreuzer in den Klingelbeutel und hoffte nun von Tag zu Tag, daß der liebe Gott zu ihm kommen werde, um ihm 100 Kreuzer dafür zu geben. Er wartete vergebens – der liebe Gott kam nicht.

Da ging der einfältige Junge zum Pfarrer und erzählte ihm alles. Der Pfarrer lächelte und sagte: „Das ist ganz anders zu verstehen, mein liebes Kind. Gott kann nicht zu dir kommen, aber vielleicht begegnest du ihm einmal auf deinen Wegen. Dann wird er dir die 100 Kreuzer bestimmt zurückzahlen!"

Rasch ging der Junge nach Hause, schnürte sein Bündel, sagte der Mutter Bescheid und wanderte davon.

Am Abend kam er zu einer kleinen Hütte. Weil er müde war, ging er hinein und bat den Bauern um etwas Brot und ein Nachtlager.

„Wo willst du denn hin?" fragte der Bauer.

„Ich will den lieben Gott aufsuchen; es ist wichtig", sagte der Junge.

Da wurde der Bauer nachdenklich und nahm den jungen Wanderer freundlich auf. Als der am nächsten Morgen weiterziehen wollte, sagte sein Gastgeber: „Ich bitte dich, wenn du den lieben Herrgott findest, dann richte ihm doch etwas von mir aus! Sag ihm einen schönen Gruß von mir, und ich ließe anfragen, warum mein Apfelbaum, der doch früher so viele schöne Früchte getragen hat, jetzt gar nichts mehr trägt."

Der Junge versprach das und wanderte weiter. Abends kam er in eine große Stadt, in der das Schloß des Königs stand. Er klopfte an das Tor und bat um ein Nachtlager. Auch hier wurde er nach dem Ziel und Zweck seiner Reise gefragt. Als er sagte: „Ich will den lieben Herrgott aufsuchen!" ließ man ihn ein und gab ihm ein prächtiges Gemach zum Übernachten. Man berichtete dem König von dem seltsamen Gast, und der ließ ihn zu sich rufen und sagte: „Wenn du den lieben Herrgott findest, dann richte ihm einen Gruß von mir aus und frage, warum das heilkräftige und reine Wasser unseres Schloßbrunnens jetzt trübe und stinkend geworden ist."

Der Junge versprach, alles auszurichten, bedankte sich für das Nachtlager und wanderte weiter. Am Abend war er schon so müde, daß er an die erstbeste Pforte klopfte: es war ein Kloster. Auch der Bruder Pförtner wollte wissen, wohin der junge Fremde unterwegs war.

„Ich will zum lieben Herrgott", sagte der Junge. Da ließ ihn der Bruder Pförtner ein. Er bekam zu essen und ein Nachtlager. Ehe er aber weitermarschierte, bat ihn der Abt des Klosters: „Sei so gut und frage unseren lieben Herrgott, falls du ihn wirklich triffst, warum jetzt in diesem stillen und stets so friedlichen Kloster immer um zwölf Uhr mittags gezankt wird. Willst du diesen Auftrag übernehmen?"

Der Junge nickte und versprach, dem Abt die Antwort Gottes zu bringen.

Es hatte die ganze Nacht geregnet; auch

am Morgen goß es noch in Strömen. Der Junge ließ sich aber nicht zurückhalten und wanderte weiter. Wie froh war er, als er plötzlich einen Mann erblickte, der einen großen roten Regenschirm aufgespannt hatte. Ei, das ist ein gutes Dach, unter dem hätte ich auch noch ein trockenes Plätzchen, dachte er und beeilte sich, den Mann einzuholen. Er fragte ihn dann, ob er neben ihm unter dem Schirm gehen dürfe.

„Freilich, freilich, komm nur mit mir", nickte ihm der Fremde freundlich zu. Sie kamen ins Gespräch, und der Junge erzählte ihm, wohin er gehe. Lächelnd hörte ihm der Fremde zu und sagte dann: „Ach, mein lieber Bub, da kannst du noch lange weitergehen, bis du den Heiland antriffst! Folge meinem Rat und kehre um. Die drei Fragen will ich dir gern beantworten. Sage dem Bauern, der Apfelbaum wird erst wieder Früchte tragen, wenn er den Zaun wieder an seine ursprüngliche Stelle rückt. Denn als die Äste des Baumes noch über den Zaun hingen, da haben auch die Armen, die vorübergingen, viel Gutes von ihm gehabt. So muß es wieder sein, dann wird es stets Äpfel in Hülle und Fülle geben. Sage diese Antwort dem Bauern, aber erst, wenn er dir hundert Kreuzer versprochen hat!

Dem König kannst du die Botschaft überbringen: Seitdem er das Wasser des Schloßbrunnens den anderen Menschen entzogen hat, sei es so schlecht geworden. Er soll den Brunnen wieder für alle zugänglich machen, dann wird das Wasser wieder rein sprudeln. Aber das sage ihm erst, nachdem er dir hundert Taler zugesagt hat!

Im Kloster aber ist der Koch ein wahrer Streithansl. Der Abt möge ihn so rasch wie möglich entfernen, dann wird wieder Friede herrschen. Vorher aber soll dir der Abt hundert Gulden für das Überbringen der Nachricht geben."

Staunend hatte der Junge zugehört. Er staunte noch mehr, als der Fremde plötzlich verschwand, der Regen aufhörte und die Sonne hinter den Wolken hervorkam. Der Junge kehrte schleunigst um und tat alles, wie es ihm der Fremde befohlen hatte.

Seht ihr, und so bekam er mehr als hundertfachen Lohn für seinen Kreuzer!

## Das goldene Lamm des König Matiasch

Einmal war ein Tatarenkönig aus dem Osten zu Besuch bei unserem König Matiasch. Der Tatarenkönig hatte von einem goldenen Lamm gehört, das sein Gastgeber besitzen sollte, und weil er neugierig war, fragte er geradeheraus: „Stimmt es, daß Ihr ein goldenes Lamm besitzt, Herr Vetter?“ Der König nickte. „In meiner Schafherde gibt es ein Lamm mit einem goldenen Fell. Der Hirte ist ein Mann, der noch nie in seinem Leben gelogen hat.“
„Nun, dann will ich ihn zum Lügen bringen, mit Eurer Erlaubnis, Herr Vetter“, entgegnete der Tatarenkönig.
„Wie wollt Ihr das anstellen? Es wird Euch nicht gelingen.“
„Oho, ich stelle ihm eine Falle, und ich sage Euch: Diesmal wird er lügen!“
König Matiasch schüttelte den Kopf. „Und ich wette, daß er nicht lügt, mein halbes Königreich setze ich dafür ein.“
Da lachte der Tatarenkönig und rief: „Abgemacht, die Wette gilt! Auch ich gebe mein halbes Königreich ein, wenn ich verliere.“
Die Könige reichten sich die Hand darauf. Jeder ging in sein Quartier, denn es war inzwischen Nacht geworden.
Der Tatarenkönig ging nicht schlafen, sondern verkleidete sich als Bauer und stieg auf die Alm hinauf, wo er den Schäfer mit seiner Schafherde fand. Der Schäfer schaute dem Fremden aufmerksam ins Gesicht und grüßte dann: „Schön Willkommen, Herr König!“
„Woher weißt du, daß ich ein König bin?“ fragte der Tatarenkönig verblüfft.
„Das sehe ich an Euren Augen, Herr“, antwortete der Schäfer. „Ich bin gekommen“, sagte der Tatarenkönig, „um dir das goldene Lamm abzuhandeln. Du sollst drei Beutel voll Geld, sechs Pferde und eine Kutsche bekommen, wenn du mir das goldene Lamm gibst.“
„Was denkt Ihr denn, das goldene Lamm kann ich Euch nicht geben, unser König würde mich dafür hängen lassen!“
Der Tatarenkönig redete und redete und bot immer mehr für das goldene Lamm, doch es war alles umsonst. Der Schäfer gab es nicht her.
Verdrossen über den Mißerfolg kehrte der Tatarenkönig in sein Quartier zurück. Seine schöne junge Tochter war noch wach und fragte ihn: „Was habt Ihr, Vater, daß Ihr so niedergeschlagen seid?“
Der Vater erzählte ihr alles. Die Tochter aber war nicht nur schön, sie war auch schlau. Sie bat um einen Sack voll Goldmünzen und versprach, den Hirten zu überlisten. Sie nahm auch eine Flasche Wein mit, süß wie Honig, und machte sich gleich auf den Weg.
„Verkaufe mir dein goldenes Lamm“, bat sie den Schäfer. Doch der schüttelte nur den Kopf und beharrte darauf, daß das goldene Lamm um keinen Preis feil sei, denn er wolle nicht zur Strafe für seine Untreue vom König Matiasch gehängt werden.
Die schöne Prinzessin aber umschmeichelte ihn derart und redete und lachte mit ihm, bis er die Flasche Wein mit ihr austrank. Vom süßen Wein berauscht, vergaß er seinen Vorsatz und willigte ein, der Prinzessin das Lamm zu überlassen, wenn sie die Nacht bei ihm verbrächte.

Die Tatarentochter war dazu bereit und verlangte am anderen Morgen, daß der Schäfer das Lamm schlachte und ihr das goldene Fell mitgäbe. Nun mußte der Schäfer, ob er wollte oder nicht, ihrem Befehl gehorchen. Die Prinzessin eilte voll Freude mit dem Fell zu ihrem Vater.
Der arme Schäfer aber grämte sich sehr und dachte immerzu darüber nach, was er seinem König sagen sollte, wenn er ihn nach dem Lamm fragte. Er machte sich sogleich auf zum Schloß und überlegte hin und her. Unterwegs spießte er seinen Hirtenstock in ein Mauseloch, stülpte seinen Hut darauf und stellte sich vor, dies wäre der König und er stellte ihm nun die Frage: Wie geht es deinen Schafen? Sind auch alle da?
Der Schäfer verneigte sich vor dem Stock mit dem Hut und sagte: „Mit Verlaub, Herr König, es tut mir leid, aber das goldene Lamm ist verlorengegangen. Der Wolf hat es gefressen." Als er das ausgesprochen hatte, erschrak er sogleich. Das war ja eine Lüge, der Wolf hätte sicher auch noch ein paar andere Schafe gefressen. Er nahm also Hut und Stock an sich und ging weiter. Beim nächsten Mauseloch versuchte er das Spiel noch einmal. Er verneigte sich vor dem Stock mit dem Hut und fing an: „Herr König, ich bringe schlechte Nachricht: das goldene Lamm ist in den Brunnen gefallen!" Sogleich hörte er die Antwort des Königs: „Du lügst, dann wären ja auch die anderen in den Brunnen gefallen!" Er schüttelte den Kopf. Nein, auch diese Lüge konnte ihm nicht helfen. Noch einmal versuchte er es. Er trieb seinen Stock in das dritte Mauseloch, setzte den Hut darauf und verneigte sich davor: „Mein König, ich muß Euch melden, daß jemand das goldene Lamm gestohlen hat."
Wieder hörte er in seinem Inneren die Antwort seines Herrn: „Du lügst, dann wären ja auch die anderen gestohlen worden!" Er nahm Hut und Stock und ging geradewegs ins Schloß. Dort saß König Matiasch mit seinem Gast und dessen Tochter an der Tafel. Der Tatarenkönig hatte seinem Gastgeber bereits das goldene Fell übergeben, und deshalb warteten sie gespannt, was der Schäfer wohl sagen werde. Sollte es eine Lüge sein, dann hätte König Matiasch sein halbes Reich verloren.
Der König fragte: „Weshalb kommst du? Was hast du Neues von der Herde zu berichten?"
Der Schäfer sah seinem Herrn fest in die Augen und antwortete: „Nicht viel, nur daß ich das goldene Lamm gegen ein schönes schwarzes getauscht habe."
Der König war erfreut und sagte: „So zeige mir dein neues schwarzes Lamm!"
„Ei, das sitzt dort in der Mitte zwischen Euch und dem anderen König", war die Antwort des Schäfers.
Da sprang König Matiasch auf und rief: „Bravo, das war recht gesprochen! Du hast nicht gelogen, und so sollst du das halbe Reich bekommen, das der Tatarenkönig eben verloren hat!"
„Und du sollst auch meine Tochter, dieses schwarze Lamm, zur Frau bekommen, denn du bist ein kluger Bursche und ich weiß, ihr habt schon Gefallen aneinander gefunden!"
Seht ihr, so kam es, daß ein Schäfer Tatarenkönig wurde!

# Twardowski

Twardowski stammte aus guter adeliger Familie. Er wollte immer klüger sein als andere Menschen, und deshalb übte er sich in verschiedenen Gelehrsamkeiten. Sein größter Wunsch war es, einmal ein Mittel gegen den Tod zu finden, um nie sterben zu müssen. In einem sehr alten Buch, in dem er studierte, fand er zwar nicht dieses Mittel, aber einen Spruch, wie man den Teufel beschwören konnte. Dies wollte er sogleich ausprobieren.
Um Mitternacht schlich er sich aus der von Mauern umgebenen Stadt Krakau hinaus. Als er nach Podgórze kam, am Ufer der Weichsel, begann er laut den Teufel zu beschwören. Es glückte ihm gleich beim ersten Versuch: der Teufel stand vor ihm. „Was willst du von mir?“ schrie er.
Der erschrockene Mann faßte sich rasch und brachte sein Anliegen vor. Der Teufel versprach, alle seine Wünsche zu erfüllen, und forderte als Gegenleistung die Seele des Herrn Twardowski. Sogleich breitete der Teufel ein Pergament aus, setzte darauf den Vertrag fest und ließ Twardowski mit seinem Blut unterschreiben.
Nun stand aber in diesem Vertrag, daß der Teufel an keinem anderen Ort als in Rom, der heiligen Stadt, den Mann mit Leib und Seele holen dürfe.
Auf Grund dieses Vertrages mußte der Teufel als Diener zuerst alles Silber aus ganz Polen auf einem Platz anhäufen und mit Sand überdecken. Twardowski bestimmte dazu einen Ort in der Nähe, der Olkusz hieß. Der Teufel als gehorsamer Diener erfüllte diesen Befehl seines Herrn, und so entstand die berühmte Silbergrube zu Olkusz.
Danach befahl Herr Twardowski: „Nun sollst du mir eine hohe Felsspitze nach Pieskowa Skala bringen. Du mußt sie dort so aufstellen, daß das breitere Ende gegen den Himmel ragt, und sie dort in alle Ewigkeit belassen.“
Der Teufel vollbrachte auch dieses Werk. Die verkehrte Felsspitze steht heute noch da und trägt den Namen Skala Sokola, was Falkenfelsen heißt.
Alles, was sich Herr Twardowski wünschte, bekam er sofort. Er konnte auf einem aufgemalten Pferd reiten, er konnte ohne Flügel durch die Luft fliegen oder auf einem Hahn sitzen, wie auf einem Pferd. Wenn er ein Mädchen auf der Weichsel im Boot spazierenfahren wollte, fuhr er ohne Ruder und ohne Segel gegen den Strom. Er konnte mit einem Stück Glas, das er gegen die Sonne hielt, ein ganzes Dorf, auch wenn es hundert Meilen weit entfernt war, anzünden.
Es gab auch ein schönes Mädchen, welches ihm sehr gefiel. Er wollte es heiraten, doch das Fräulein stellte eine eigenartige Bedingung. Es sagte, daß es ein merkwürdiges Tier in einer Flasche aufbewahre und nur denjenigen heiraten wolle, der erriet, was für ein Tier es sei.
Twardowski verkleidete sich als Bettler und ging so zu seiner Angebeteten. Als er sich bereit erklärte, das Rätsel zu lösen, zeigte ihm das Mädchen eine undurchsichtige Flasche und fragte: „Was für ein Tier, Wurm oder Schlange ist drinnen?
Wer es errät, soll mein Herz gewinnen!“
Ohne zu zögern sagte Herr Twardowski: „Weder Wurm noch Schlange, es ist eine Biene, schönes

Fräulein.“ Es stimmte wirklich, und er hatte gewonnen.
Nach ihrer Hochzeit ließ sich die junge Frau auf dem Ringplatz in Krakau ein Häuschen ganz aus Lehm erbauen, in dem sie Töpfe und Schüsseln verkaufte. Ihr Mann aber, prächtig gekleidet, fuhr in seiner Kutsche mit einer Schar Diener vorbei und machte sich einen Spaß daraus, alle Töpfe und Pfannen in dem Lehmhäuschen zu zerschlagen. Wenn sie dann schrie und ihm drohte, ihn wohl auch verfluchte vor Ärger, lachte er und winkte ihr aus der Kutsche heraus zu.
Gold besaß er wie Sand am Meer, denn der Teufel schaffte ihm alles heran, sobald er es nur befahl. Doch schließlich dauerte dem Höllenfürsten dieses Spiel zu lange, und er wollte nicht mehr weiter auf diese ihm versprochene Seele warten.
Als er nun mit Twardowski einmal durch einen dichten, dunklen Wald fuhr, stürzte er sich auf seinen Herrn und verlangte, daß er sich sofort nach Rom begäbe. Twardowski aber blieb hart. Der Teufel klapperte vor Wut mit den Zähnen. Fluchend riß er eine Kiefer aus und begann damit auf Twardowski einzuschlagen. Er schlug so fest zu, daß er ihm ein Bein brach. Seit dieser Zeit hinkte Herr Twardowski, doch mehr konnte ihm der Teufel nicht antun.
Der Teufel wollte aber noch länger nicht mehr zuwarten. Er nahm Zuflucht zu einer List. In Gestalt eines Bedienten ging er zu Herrn Twardowski und bat ihn, da er ja als berühmter Arzt galt, zu seinem Herrn zu kommen. „Mein armer Herr ist schwer krank, er braucht dringend Eure Hilfe!“ bat er.
Twardowski eilte nun mit diesem vermeintlichen Boten in einen nahen Ort, wo jener Kranke angeblich in einem Gasthof abgestiegen war. Dieser Gasthof hieß aber „Zur Stadt Rom“, das hatte Twardowski übersehen.
Ahnungslos überschritt er die Schwelle des Hauses, da flog ihm eine Schar schwarzer Vögel, Nachteulen und Fledermäuse, entgegen. Kreischend und krächzend umflatterten sie ihn. Da wußte er sogleich, was das bedeutete und was ihm nun drohte. Zum Glück fiel sein Blick in der Stube auf eine Wiege, in der ein Kind schlief. Er eilte darauf zu, nahm das Kind, das schon getauft war, in die Arme und hielt es dem Teufel entgegen. Das unschuldige Neugetaufte durfte der Böse nicht berühren – so war auch Twardowski vor seinem Zugriff geschützt.
Doch der Teufel wußte, wie er seinen früheren Herrn packen konnte. Er rief ihm entgegen: „Wenn du ein richtiger Edelmann bist, Twardowski, weißt du, was es heißt: Verbum nobile debet esse stabile! Nun, handle danach!“
Zu deutsch heißt das: Ein Edelmann steht zu seinem Wort! Herr Twardowski, so bei seiner Ehre angerufen, legte das Kind in die Wiege zurück und folgte ohne Widerstand dem Teufel. Die beiden fuhren durch den Kamin hinaus, Eulen, Krähen, Nachtkäuze und Fledermäuse folgten ihnen krächzend. Immer höher und höher flogen sie. Twardowski blickte hinunter und sah die Erde. Sie waren schon in einer solchen Höhe, daß die Dörfer klein aussahen wie Mücken, die Städte wie Fliegen und die Stadt Krakau wie zwei Spinnen nebeneinander. Vor Angst und Schmerz, daß er nun alles zurücklassen mußte, was ihm lieb und teuer war, krampfte sich sein Herz zusammen. Als er unter sich die Karpatengipfel sah, fing Twardowski mit letzter Kraft zu Ehren

der Jungfrau Maria an zu singen. Ein Lied, das er als Knabe gesungen hatte. Die Töne verklangen in den Lüften, doch mußten sie weit reichen, denn die Hirten, die unter ihm die Schafe auf den Berghängen hüteten, hoben verwundert die Köpfe und lauschten, woher dieses fromme Lied käme. Es klang ja, als käme es direkt aus den Wolken zu ihnen herunter.
Als Twardowski sein Lied mit aller Inbrunst zu Ende gesungen hatte, merkte er voll Staunen, daß er nicht mehr neben dem Teufel dahinflog, sondern daß er ganz allein in der Luft schwebte. Da ertönte eine mächtige Stimme aus einer bleifarbenen Wolke, die rief: „So wie du jetzt still in der Luft schwebst, so sollst du verbleiben bis zum Jüngsten Gericht!"
Noch heute soll er dort umherschweben, doch seine Stimme hört man nicht mehr. Aber es gibt noch alte Leute, die sich an jene Zeit erinnern, als man in Mondnächten einen schwarzen Fleck am Himmel erkennen konnte. Das war der Körper des Herrn Twardowski, der verdammt war, dort bis zum Tag des Jüngsten Gerichtes zu bleiben.

# Der Geigenspieler und der Teufel

Im Dorf Gwiazdowo lebte einmal ein junger Bursche. Seine Eltern waren gestorben, und so war er schon als Kind auf die Mildtätigkeit anderer Leute angewiesen. Weil niemand für ihn Zeit hatte und niemand sich um ihn kümmerte, lernte er nichts und lungerte immer nur im Dorf herum. Hatte er Hunger, erbettelte er sich ein Stück Brot oder einen Teller Suppe. So ging das einige Jahre, doch als er erwachsen geworden war, wollte ihm niemand mehr etwas geben. Und so verließ er sein Heimatdorf und wanderte in die Welt hinaus.

Einmal kam er durch einen dichten Wald, und wie er so vor sich hinsann, was er nun anfangen sollte und wie er sich wohl sein Brot verdienen könnte, stand plötzlich ein feingekleideter Herr da. Der fragte ihn: „Na, wohin des Weges, junger Freund?"

„Ach, das weiß ich selber nicht", entgegnete der Junge. „Ich muß mir eine Arbeit suchen, wenn ich nicht verhungern will. In meinem Dorf kann ich nicht mehr bleiben."

Da lächelte der feine Herr auf ganz eigentümliche Art und sagte zu ihm: „Ja ci dam skrzypeczki,
Ty mi dasz duszyczke!"

Das heißt: Ich gebe dir eine Geige und du gibst mir dafür deine Seele. Aus diesen Worten erkannte der Junge sofort, daß es der Teufel war, der mit ihm sprach. Zuerst bekam er Angst und wollte fortlaufen, doch der Teufel in der Gestalt des feinen Herrn redete ihm freundlich zu, und bald willigte der Bursche ein.

„Ich will dir zu einem sorgenfreien Leben verhelfen", sagte der Teufel, „du mußt aber nach fünfzig Jahren sterben und dann gehört deine Seele mir."

Der arme Junge war einverstanden, er nahm die Geige, die ihm der Teufel reichte, und wanderte weiter. Nie hatte er Geigenspielen gelernt, doch nun spielte er so meisterhaft, daß alle ihm zuhören wollten, und er wurde bald ein berühmter Künstler. Durch sein Geigenspiel verdiente er viel Geld und konnte sich alles leisten, was er wollte. Rasch und angenehm vergingen ihm die fünfzig Jahre. Plötzlich nahte der Tag heran, an dem er, wie abgemacht, den Teufel wieder treffen sollte. Traurig und mit schwerem Herzen begab sich der Geigenkünstler in den Wald an jene Stelle, wo er den Pakt mit dem Teufel geschlossen hatte. Unterwegs begegnete er einer alten Frau, die fragte ihn, warum er denn gar so traurig sei.

„Ach, ich habe einen Bund mit dem Teufel geschlossen", sagte der Mann, „die Frist ist abgelaufen, und ich muß ihm nun die Seele geben. Ach Mütterchen, ich habe Grund zum Traurigsein!"

Die Alte aber sprach ihm Mut zu und meinte: „Seht, guter Herr, nicht nur der Mensch hat eine Seele, auch die Geige hat eine. Gebt also diese Geige statt Eurer dem Teufel."

„Wie soll ich das machen?"

„Ah, das ist nicht schwer. Wenn der Teufel eure Seele fordert, dann sagt nur: ‚Potrzaskam skrzypeczki
a oddam ci duszyczke!'"

Das heißt: Ich zerschlage die Geige und gebe dir ihre Seele.

Überglücklich bedankte sich der Geigenspieler bei der Alten für diesen Rat und ging weiter.

Als er nach einer Weile mit dem Teufel zusammentraf, der diesmal nicht als feiner Herr, sondern stinkend nach Pech und Schwefel, zottig wie ein Ziegenbock und schwarz wie eine Fledermaus daherkam, rief er ihm die Worte des alten Mütterchens entgegen. Er schleuderte die Geige auf den Boden, daß sie zerbrach, und hob dann dieses Stückchen auf, das man die Seele der Geige nannte. Er hielt es dem Teufel hin, doch dieser verzichtete darauf. Vor Wut knirschte er mit den Zähnen, fluchte gotteslästerlich und fuhr davon.

Die Leute dieser Gegend aber erzählen sich noch heute, daß man an dieser Stelle des Waldes um Mitternacht den Teufel heulen und fluchen höre, denn daß er um eine Menschenseele geprellt wurde, kann er noch immer nicht verwinden.

# Von der Lebenszeit

Als unser Herrgott die Welt erschuf, bestimmte er die Lebensdauer jedes Geschöpfes.
Das erste Lebewesen war nun der Esel, und der Herrgott sagte zu ihm: „Wie lange willst du leben, dreißig Jahre?"
Der Esel scharrte mit dem Huf auf der Erde. „O Herr, das ist mir viel zu lang. Bedenke doch die Lasten, die ich tragen muß; Kornsäcke und vieles andere. So bitte ich dich um Verkürzung meiner Lebenszeit!"
Der Herrgott nickte: „Nun gut, ich will dir achtzehn Jahre erlassen." Und so hat der Esel nur zwölf Jahre zu leben.
Da kam der Hund an die Reihe. Zu dem sagte der Herrgott: „Du kannst leicht dreißig Jahre leben, mein Lieber!"
„Ach nein, das ist viel zu lange", sagte der Hund. „Bedenke doch, Herr, das viele Laufen und das ewige Bellen. Wenn ich einmal keine Zähne mehr zum Beißen habe, dann muß ich mich in die Ecken verkriechen und kann nichts anderes tun als knurren!"
Der Herrgott sah das ein und nickte: „Gut, dann will ich dir 12 Jahre erlassen." Und so hat der Hund achtzehn Jahre zu leben.
Der nächste war der Affe. Zu dem sagte der Herrgott: „Aber du Baumkraxler, du kannst doch leicht 30 Jahre leben. Du brauchst nicht zu arbeiten und nicht zu laufen, wie der Esel und der Hund. Du kannst nur zu deinem Vergnügen leben!"
Der Affe aber kratzte sich am Kopf und sagte: „O Herr, du siehst die Sache ein wenig anders. Aber ich sage dir, es ist nicht leicht, zu bösem Spiel gute Miene zu machen, nur damit die Leute etwas zu lachen haben. Gesichter muß ich schneiden, und ärgern muß ich mich hinterm Gitter, wenn sie mir faule Äpfel geben!"
Gutmütig lächelte der Herrgott und sagte: „Na meinetwegen, so lasse ich dir halt 10 Jahre nach." Und so hat der Affe 20 Jahre zu leben.
Nun kam der Mensch an die Reihe. Der Herrgott sagte zu ihm: „Höre, Mensch, du hast 30 Jahre zu leben. Bist du damit zufrieden?"
Der Mensch rief gleich: „Dreißig Jahre? Das ist mir zu wenig. Ich will doch ein Haus bauen und Bäume setzen. Ich will es erleben, daß sie schön blühen und Früchte tragen!"
Der Herrgott sagte: „Na, dann will ich dir die 18 Jahre vom Esel dazugeben."
„Das ist mir zu wenig!"
„Dann sollst du halt noch die 12 Jahre vom Hund dazuhaben!"
„Ist mir noch immer zu wenig!"
„So gebe ich dir noch die zehn Jahre dazu, die der Affe nicht haben wollte, aber jetzt gib endlich Ruh' und sei zufrieden!"
Und so ist es gekommen, daß der Mensch 30 Jahre hat, die menschlich sind; 18 Jahre hat er vom Esel, da muß er rackern und arbeiten und Lasten tragen. Dann hat er 12 Jahre vom Hund, wo er schon etwas grantig, manchmal auch bissig wird. Zuletzt hat er noch die 10 Jahre vom Affen, da wird er den Leuten zum Spott und den Kindern zum Narren.

# Nanynka und der König der Tiefe

In der Burg bei Tischnov lebte in alten Zeiten eine böse Herrin. Sie hatte ihre Diener und Untergebenen schon geplagt, als ihr Gemahl noch am Leben gewesen war, doch jetzt als Witwe war sie noch grausamer und härter. Das Hausgesinde erhob sich jeden Morgen nur seufzend von seinem Lager und legte sich am Abend jammernd und mit Tränen nieder.
Die tollwütige Frau hatte ihre Freude daran, andere zu quälen und zu demütigen. Man sprach davon in der ganzen Umgebung; Wanderer, fahrende Sänger und Reisende mieden die Burg und schlugen das Kreuz, wenn sie nur in die Nähe kamen. Es war geradeso, als wäre der Leibhaftige dort zu Hause.
Die böse Burgherrin hatte es vor allem auf zwei Kinder abgesehen, die sie besonders quälte. Eines davon war ihr eigenes Söhnchen, ein schwächlicher, blasser Knabe, den sie förmlich haßte. Das andere Kind war die kleine Nanynka, eine Waise, die niemanden mehr auf der Welt hatte. Arbeit und Hunger waren der beiden Los. Wehe, wenn die Burgfrau Nanynka und ihrem Söhnchen begegnete! Gleich riß sie die Kinder bei den Haaren, schlug oder stieß sie. So war es kein Wunder, daß sich die Ärmsten vor ihr in den dunkelsten Winkeln versteckten. Tagelang lagen sie zitternd im Stroh, und kein Strahl des Sonnenlichtes erreichte sie dort.
Die Jahre vergingen; die Kinder wuchsen heran, aber ihr Los besserte sich nicht. In Fetzen hingen die Kleider von ihren Körpern, schmutzstarrend und krank vor Hunger und Kälte schleppten sie sich dahin. Niemand erbarmte sich der beiden. Nanynka mußte als Küchenmagd arbeiten. Es gehörte zu ihren Aufgaben, Wasser in schweren Eimern aus dem Felsenkeller in die Küche zu tragen. Dreihundert Stufen führten tief hinab unter die Burg. Im Keller war der Brunnen, den man mit einem schweren Rad und einer Winde bedienen mußte. Fünfmal täglich mußte Nanynka diesen Gang machen und die vollen Wassereimer hinaufschleppen. Erschöpft bis zum Umfallen und weinend sank sie oft auf die Stufen nieder.
Eines Tages fand sie die Burgherrin und fing an, das arme Mädchen zu schlagen und zu mißhandeln. Nanynka versuchte den Schlägen zu entkommen und lief die Kellerstufen wieder hinunter. Sie klammerte sich an den Brunnenrand, beugte sich über die grausige Tiefe und ließ sich fallen. Doch da spürte sie plötzlich, wie sie jemand auffing und auf den kühlen Erdboden legte. Eine grelle Helligkeit zuckte durch das Dunkel. Das zu Tode erschrockene Mädchen schloß die Augen und begann wie im Fieber zu zittern.
„Warum zitterst du und fürchtest dich?“ hörte es da eine leise Stimme neben sich. „Hab nur keine Angst, es geschieht dir nichts Böses!“
Langsam öffnete Nanynka die Augen – was sah sie da? Ein feiner kleiner Herr stand vor ihr. Er war in Samt und Seide gekleidet, trug einen Hut mit Federn auf dem Kopf und einen zierlichen Degen an der Seite – vornehm wie ein Prinz sah er aus. Hinter ihm war ein Garten zu sehen. Auf dem grünen

Rasen stolzierten Pfaue und Schwäne einher. An den Bäumen hingen leuchtende Früchte.
Das Herrchen verbeugte sich vor Nanynka, streckte ihr seine Hand entgegen und führte sie mit sich. Sie schritten auf ein weißes Schloß zu, vor dem sich viele Herren und Damen in prächtiger Kleidung tummelten. Alle verbeugten sich tief vor ihnen. Im Saal war eine reichbesetzte Tafel gerichtet; hier mußte Nanynka an der Seite des Herrchens Platz nehmen. Oh, was wurden da für Köstlichkeiten aufgetischt! Gebackene Karpfen, knusprige Gänsebraten, flaumige weiße Knödel, Kuchen und Golatschen, dazu wurden Wein und Bier ausgeschenkt.
„Nimm dir nur, Nanynka, greif doch zu!" forderte sie ihr Tischherr auf. Und Nanynka langte wirklich zu, zaghaft zuerst, dann herzhafter. Die herrlichen Gerichte schmeckten ihr, oh, wie sie schmeckten! Sie fühlte sich wie im Paradies.
Nun begann auf einen Wink des feinen kleinen Herrn eine sanfte Musik zu spielen. Das Herrchen nahm Nanynka bei der Hand und führte sie zum Tanz. Die Musik wurde fröhlicher und lebhafter. Das Mädchen fühlte sich plötzlich leicht wie eine Feder im Arm ihres Kavaliers. Noch nie hatte Nanynka getanzt, aber wie hätte sie es auch können, nun erfüllte sie eine grenzenlose Seligkeit.
Nach einer Weile öffnete sich die Flügeltür, und zehn weißgekleidete Knaben schritten herein. Sie trugen silberne Schalen in den Händen, auf denen silberne Kleider, ein Schleier und goldene Pantoffel lagen. Auf der letzten Schale lag eine große Nuß. Der kleine Schloßherr griff danach, öffnete sie, legte die silbernen Kleider, den Schleier und die Pantöffelchen ganz klein zusammen, tat sie in die Nußschalen und überreichte sie Nanynka. Wie war sie glücklich über dieses Geschenk! Dann tanzten sie weiter bis tief in die Nacht hinein.
„Verrate niemandem, wo du warst! Niemandem!" flüsterte der kleine Herr ihr zum Abschied zu.
Nanynka erwachte. Sie lag im dunklen Keller neben dem Brunnenrand. Hatte sie alles nur geträumt? Die Schläge auf ihrem Körper brannten wieder, Furcht überfiel sie. Da fühlte sie die Nuß zwischen ihren Fingern. Also war es doch kein Traum gewesen? Ganz deutlich hörte sie die Stimme des feinen Herrchens an ihrem Ohr. „Hebe dir diese Nuß gut auf!"
Nanynka kannte ein kleines Versteck unter der 110ten Stufe der Kellertreppe; dort verbarg sie das kostbare Geschenk. Nur zu gerne hätte sie es ihrem Leidensgefährten, dem Sohn der Burgherrin, verraten, aber sie schwieg.
Beim Wasserholen sah Nanynka oft nach der Zaubernuß, und diese gab ihr Kraft und ein wenig Freude in ihrem tristen Dasein.
Die böse Burgfrau aber plagte sie jetzt noch mehr, denn sie konnte sich nicht erklären, wieso das Mädchen nicht mehr so ängstlich und verzweifelt dreinsah. Eines Tages fiel sie völlig grundlos über Nanynka her. Mit letzter Kraft schleppte sich diese zum Versteck ihres Schatzes und sank auf der Stufe nieder. Plötzlich stand wieder das feine Herrchen mit dem Degen und dem Federhut vor ihr und strich ihr sanft übers Haar. Dann führte er Nanynka tief hinab in sein unterirdisches Reich.
„Pflücke dir einige der Früchte, die an

den Bäumen hängen, und iß sie“, sagte der kleine Herr. Die arme Nanynka gehorchte. Sogleich fühlte sie sich wie neugeboren und ohne Schmerzen. Wieder wurde sie in dem großen Speisesaal bewirtet, und wieder brachten ihr die weißgekleideten Knaben ein Geschenk: diesmal war es ein goldener Kamm. Sie vernahm noch die eindringlichen Worte ihres Begleiters an ihrem Ohr: „Sage niemandem etwas davon!“ ehe sie erwachte.
Auf den Kellerstufen liegend, sann sie dem Traum nach. Doch daß sie alles tatsächlich erlebt hatte, davon überzeugte sie der goldene Kamm in ihrer Hand. Sie fuhr sich damit durch das Haar und legte ihn dann zu der Nuß ins Versteck.
Indessen hatte man in der Burgküche schon nach ihr gerufen, denn die Wassereimer waren leer geworden. Eine Magd wurde ausgeschickt, um Nanynka zu suchen. Im Keller, auf den Stufen sitzend, fand sie das Mädchen. Aber ein Leuchten ging von ihm aus – ihr Haar glänzte wie von Gold. Auf den Knien hatte Nanynka ihr silbernes Kleid und den Schleier liegen. Eilig lief die Magd zurück und berichtete der Burgfrau, was sie gesehen hatte. Zornbebend stieg diese nun selbst in den Keller und befahl dem unglücklichen Mädchen zu gestehen, woher es diese Kostbarkeiten habe. Nanynka schwieg. Da mißhandelte sie die grausame Burgherrin und befahl, ihr beide Hände abzuhacken. Dann stieß sie das Mädchen hinunter in die Finsternis.
Nanynka lag da wie eine Tote. Wieder erschien das feine kleine Herrchen. Auf einer Tragbahre ließ es sie in sein unterirdisches Reich bringen. Mühsam öffnete Nanynka die Augen, da hörte sie die Stimme des Herrchens an ihrem Ohr: „Bade dich gesund in diesem Wasser, Nanynka!“
Warmes, duftendes Wasser umspülte ihren Leib. Die abgeschlagenen Hände wuchsen nach, Kraft und Gesundheit kehrten zurück. Eine freundliche Dienerin kleidete Nanynka nun an, steckte ihr einen Ring mit einem Rubin an den Finger und kostbare Ohrgehänge an die Ohren. „ Gleich wird dich unser König abholen kommen“, sagte die Dienerin. Das feine Herrchen trat auf das Mädchen zu.
„Herr König“, rief Nanynka und fiel vor dem Herrchen auf die Knie, „ach, Herr König dieses unterirdischen Reiches, verlaßt mich nicht! Laßt mich hier bei Euch bleiben, denn die grausame Burgfrau erschlägt mich ganz gewiß!“
„Wie gerne würde ich dich bei mir behalten, Nanynka“, sagte der kleine König der Tiefe, „doch dein Leben gehört der oberen Welt an und nicht der meinen. Du mußt wieder zurückkehren, aber fürchte dich nicht, niemand wird dir mehr ein Leid antun. Um eines aber bitte ich dich: Füge auch du niemandem ein Leid zu, solange du lebst!“
Wieder erklang die zauberhafte Musik. Der kleine König tanzte mit Nanynka. Plötzlich erfaßte sie ein Windstoß und trug sie wie eine Feder nach oben, höher, immer höher. Der König der Tiefe aber rief ihr noch nach: „Und jetzt darfst du alles erzählen – alles . . .!“
Da stand nun das Mädchen mitten auf dem Burghof, und alle staunten über sein verändertes Aussehen. Schön und strahlend wie eine Prinzessin stand Nanynka da, in ihren neuen Kleidern und mit dem kostbaren Schmuck. Furchtlos trat sie auch ihrer Peinigerin,

der Burgfrau, entgegen. Diese fuhr auf sie los: „Wo warst du, rede!"
Nanynka lächelte und schwieg.
„Ich frage dich, wo du warst, wirst du wohl antworten!"
Immer noch schwieg Nanynka.
Da schrie die Burgherrin in wildem Zorn: „Rede endlich, wo warst du?"
„Schicke die Leute fort, dann werde ich es dir sagen", entgegnete Nanynka.
Die Burgfrau jagte das Gesinde davon. Nanynka erzählte, was sich im tiefen Keller zugetragen hatte. Staunend hörte die böse Burgherrin zu. Nun packte sie die Habgier; sie wollte unbedingt die Reichtümer, die es in jenem unterirdischen Reich gab, für sich haben. Ich werde sie mir durch meine Hexenkünste verschaffen, dachte sie und ließ das Mädchen unbehelligt.
Die Burgfrau traf nun ihre Vorbereitungen und stieg dann allein, nur begleitet von einem großen schwarzen Hund, in den Keller hinab. In der Hand trug sie einen Leuchter mit zwei Altarkerzen und ein Stück vom Strick eines Erhängten. Als sie hundert Stufen hinabgestiegen war, begann der Hund zu knurren, und sein Nackenfell sträubte sich. Doch sie stieg weiter hinab und wunderte sich, wie tief der Keller war. Sie konnte kaum noch atmen, das Licht flackerte nur noch mühsam, und die Augen des Hundes glühten in der Finsternis. Nahmen denn die Stufen kein Ende? Plötzlich fiel der Burgherrin der Leuchter aus der Hand, die Kerzen verlöschten. Der Strick des Erhängten begann sich zu bewegen und kroch wie eine Schlange an ihr empor. Sie wollte die Stufen wieder hinaufeilen, doch da waren keine Stufen mehr, da war nichts mehr. Es gab kein Zurück in die helle Welt.
Der schwarze Hund verwandelte sich nun in den Höllenfürsten und packte sie mit seinen eisernen Klauen, daß ihr der Atem stockte. Sein schauriges Gelächter erfüllte die Tiefe und hallte von den Felswänden wider.
Man hörte es sogar oben auf dem Burghof. Da bekreuzigten sich die Leute und fühlten: Das war Gottes Gericht – das Ende der grausamen Burgherrin.
Man rief ihren Sohn, diesen armen, stets gedemütigten Jüngling herbei und setzte ihn als den neuen, rechtmäßigen Burgherrn ein. Er wurde ein milder und gerechter Herr und nahm seine Gefährtin aus den Kindertagen, Nanynka, zur Frau.
Seit dieser Zeit herrschten Friede und Freude auf der Burg für alle, die dort ein- und ausgingen. Es gab keine Furcht und keinen Kummer mehr, denn Nanynka gedachte stets der Worte ihres kleinen Königs der Tiefe: „ Füge niemandem ein Leid zu, solange du lebst!"

# Der Wildschütze

Es war einmal ein junger Jäger, der war in den königlichen Wäldern angestellt. Die Jagd und das Umherstreifen im Wald waren für ihn die größte Freude, nur beim Schießen hatte er wenig Glück.
Als er wieder einmal von einer erfolglosen Pirsch heimkehrte, konnte er einen Stoßseufzer nicht unterdrücken. Er rief: „Ach zum Teufel mit diesem Pech! Was würde ich dafür nicht alles geben, wenn ich wenigstens ein Jahr beim Jagen Glück hätte!"
Kaum hatte er diese Worte ausgesprochen, stand auch schon der Teufel vor ihm. Der sagte: „He, Jägersmann! Was du dir wünschst, kann ich dir verschaffen. Du mußt dich aber durch deine Unterschrift verpflichten, mir in einem Jahr und sechs Wochen deine Seele zu überlassen. Sobald die Zeit um ist, komme ich dich holen – es sei denn, du kannst mir ein Tier vorzeigen, das ich noch nirgendwo in der Welt gesehen habe!"
Der Jäger willigte in den Handel ein. Von nun an hatte er beim Jagen soviel Glück, daß es sich bald herumsprach. Auch erfuhr davon der König und ließ sich von ihm auf seinen Pirschgängen begleiten. Er erhob ihn sogar zum obersten Jägermeister. Das war eine große Ehre für den jungen Jäger, und er verlebte seine Tage sehr glücklich und zufrieden. Bald aber war das Jahr um, und der Jäger machte sich Sorgen über seine Zukunft wegen seines Paktes mit dem Teufel.
Was habe ich von Reichtum und Ehre, wenn ich dafür meine Seele hergeben muß? dachte er, als er eines Morgens in den Wald ging. Da erblickte er auf dem Weg ein altes Weib, das war so häßlich und abstoßend, daß er die Augen abwandte, um es nicht ansehen zu müssen. Doch die Alte fragte ihn, warum er so betrübt dreinsehe. Er erzählte ihr von seinem unglücklichen Vertrag mit dem Teufel. Das häßliche Weib nickte und sagte dann: „Es gibt einen Weg aus dieser mißlichen Lage, aber den kann ich dir nur zeigen, wenn du mich zur Frau nimmst!"
Der junge Jäger sah die Alte entsetzt an, doch nach kurzem Zögern sagte er: „Nun gut, dann will ich von zwei Übeln das kleinere wählen – lieber eine Hexe wie dich zu Hause haben, als beim Teufel in der Hölle braten." Er nahm die häßliche Alte zu sich in sein Jägerhaus.
Als nun die Zeit gekommen war und der Teufel seine Seele holen sollte, befahl ihm die Frau, ein Faß mit Honig und ein Faß mit Bettfedern zu besorgen.
„Was soll ich denn damit?" brummte der Jäger.
„Das wirst du schon sehen", sagte die Frau. Sie stieg zuerst in das Honigfaß und danach in das Faß mit den Federn. Nun war sie von oben bis unten mit Federn bedeckt und sah aus wie ein großes unförmiges, gefiedertes Tier. So hockte sie auf dem Fußboden, als der Teufel erschien.
„Jetzt ist es aus mit dir", sagte er, „denn jetzt gehörst du mir. Es sei denn, du kannst mir ein Tier vorzeigen, das ich noch niemals gesehen habe. Kannst du das?" Der Teufel lachte sich schon ins Fäustchen. Da hüpfte die gefiederte Alte aus ihrem Winkel heraus, und der Jäger sagte: „Hier ist es. Wenn du es

erkennst, so will ich dir sogleich in die Hölle folgen!"
Der Teufel starrte das unförmige Wesen an, er besah es von allen Seiten, doch er wußte damit nichts anzufangen. Verärgert stieß er mit dem Fuß nach dem unbekannten Geschöpf, ließ eine Pech- und Schwefelspur zurück und fuhr zur Hölle.
Die häßliche Alte streifte die Federn ab, ging zum Bach und wusch sich. Als sie in die Stube trat, war sie zu einer wunderschönen Jungfrau geworden. Der Jäger glaubte, seinen Augen nicht zu trauen. Das schöne Mädchen aber sagte: „Es ist unser beider Glück, daß du mich erlöst hast. Du bist dadurch dem Teufel entgangen, und ich habe meine Schuld gebüßt. Zur Strafe, daß ich häßliche Mädchen ausgelacht habe, bin ich in diese scheußliche Gestalt verwandelt worden, bis sich einer findet, der mich trotzdem zur Frau nimmt."
Seit dieser Zeit brauchte der junge Jäger seinem Glück nicht mehr in den Wäldern nachzujagen, denn er hatte es ja zu Hause.

# Die Schlangenquelle

In einem grünen Tal, dessen Höhen von einem Buchenwald gesäumt waren, trafen zwei junge Hirten mit ihren Herden zusammen. Beide waren gute Sänger, und sooft es nur ging, sangen sie miteinander Volkslieder und Weisen, die sie von klein auf kannten. Hier, in der Nähe der Quelle, hielten sie sich besonders gern auf, denn ihre Tiere fanden nebst reichlichem Futter auch Wasser. Während die beiden Burschen nun ein Lied nach dem anderen sangen, stieg der alte Milota von der Höhe herab und trat mit freundlichem Gruß zu ihnen. „Schön singt ihr, Burschen! Beinahe hätte ich darüber den Durst vergessen, der mich schon lange plagt."
Er beugte sich zur Quelle nieder und schöpfte mit seinem verschlissenen Hut das klare Wasser. Nachdem er getrunken hatte, wischte er sich mit dem Handrücken über den grauen Schnauzbart und sagte: „Ah, das tut gut! Ist das nicht ein köstliches Wasser? Klar wie Kristall und kalt wie Eis. Keines kommt ihm gleich in der Umgebung, und trotzdem fürchten sich die Leute, dieses Wasser zu trinken!"
„Und warum fürchten sie sich? Wir trinken doch jeden Tag davon und sind gesund und munter!" rief Janosch, der eine der Hirten. Sein Kamerad setzte eifrig hinzu: „Freilich, uns schmeckt es auch. Und wir haben über den alten Bienenzüchter gelacht, der uns davor warnen wollte, aus dieser Quelle zu trinken. Warum sollen wir nicht trinken? haben wir gefragt. Er hat keinen Grund dafür angeben können."
„Das ist ein dummer Aberglaube", nickte Milota. „Wißt ihr denn nicht, ihr Burschen, daß diese Quelle Schlangenquelle genannt wird?"
Die Hirten lachten. „Ja, so heißt sie wohl, aber warum sie diesen Namen trägt, wissen wir nicht."
Der alte Milota setzte sich auf einen Stein neben dem Wasser, streckte die Beine von sich und sagte: „So hört zu: Als ich noch ein kleiner Schlingel war, hat mir mein Vater öfter davon erzählt; um nichts auf der Welt hätte ich damals aus dieser Quelle getrunken. Es soll in unserer Gegend in alten Zeiten, als noch allerhand Unglaubliches geschah, eine große, sonderbare Schlange gehaust haben. Eine Schlange, wie es heute keine mehr gibt. Ihr Schuppenkleid soll in den herrlichsten, ewig wechselnden Farben geschillert haben. Auf dem Kopf soll sie ein Krönchen getragen haben, das ganz aus Gold war. Hirten haben sie oft hier bei der Quelle gesehen. Die Schlange soll sich im Wasser gespiegelt haben, hochaufgerichtet. Dann ist sie wieder durchs hohe Gras davon und hat sich in den Ast eines Baumes gehängt. Um die Mittagszeit aber pflegte sie stets in der kleinen alten Kapelle dort auf der Anhöhe zu schlafen. Sie lag am liebsten auf den sonnenwarmen Steinen des Fußbodens. Wenn die Sonne unterging, verschwand auch die Schlange und suchte andere Plätze auf. Ein Gärtner, der in der Nähe wohnte, hat sie des öfteren beobachtet. Es ist ihm aufgefallen, daß sie die weiße Farbe nicht mochte. Kaum erblickte die Schlange etwas Weißes, wandte sie sich eilig zur Flucht. Das benützte der Gärtner, um die Schlange zu überlisten. Er legte eines Mittags auf die

Steinfliesen der Kapelle ein weißes Leintuch aus und wartete ab, was nun geschehen würde.
Richtig, am nächsten Tag fand er die Schlange tot, mit zerschmettertem Körper vor der Kapelle liegen; und auf dem Tisch blinkte das zierliche goldene Krönchen."
Der alte Milota schwieg, doch die Hirten waren begierig, noch mehr darüber zu erfahren. „Und was machte er mit diesem Krönchen?"
„Das weiß ich nicht. Er wird es bestimmt in der Stadt teuer verkauft haben. Dann hat er mit seiner Familie ein Herrenleben geführt. Jedenfalls wurde er hier in der Gegend nicht mehr gesehen. Von dieser Zeit an aber trägt die Quelle den Namen Schlangenquelle, und die Leute fürchten sich bis heute, daraus zu trinken. Ein paar Dummköpfe sagen, daß aus der erschlagenen Schlange soviel Gift in den Boden gesickert ist, daß das Wasser dadurch vergiftet wurde. Als Beweis zeigen sie kleine Rinnen, die von der Anhöhe bis hinunter ins Tal führen und die man sogar im Gras sehen kann. Giftbäche sollen das sein, sagen sie. Aber ich sage euch, ihr Burschen, das sind nur Auswaschungen vom Schneewasser, das sich im Frühjahr seinen Weg ins Tal sucht. Deshalb kann jeder beruhigt von diesem kristallklaren Wasser trinken!"
So sprach der alte Milota, nahm noch einen großen Schluck aus der Quelle, nickte den Hirten zu und machte sich wieder auf den Weg.

# Warum sich der Hund über die Katze ärgert

Es ist schon lange her, daß sich dies zugetragen hat. Es war in jenen alten Zeiten, da die Tiere noch mit menschlicher Sprache redeten, da sie miteinander und mit den Menschen in Frieden und Einigkeit lebten.
Besonders aber waren Hund, Katze und Maus einander verbunden, denn der Hund hütete das Haus, die Katze bewachte von ihrem Platz hinter dem Ofen aus die Stube, und die Maus kümmerte sich um Scheune und Keller. So lebten sie zufrieden unter einem Dach, ohne daß einer dem anderen etwas neidete. Doch dann ereignete sich etwas, was diese freundschaftlichen Bande jäh zerriß. Die unselige Feindschaft nahm ihren Anfang im Hause des Fleischhauers Darmorada. Von dort breitete sie sich mit solcher Geschwindigkeit aus, daß man sich nur wundern konnte.
Herr Darmorada kaufte in einem nahegelegenen Dorf ein hübsches Kälbchen. Es war preiswert, aber es war furchtbar bockig. Als der Fleischhauer es aus dem Dorf geführt hatte, wollte es auf einmal nicht mehr weiter. Es stemmte die Beine in den Boden und blieb stocksteif stehen, als wäre es aus Holz. Weder im Guten noch im Bösen konnte man etwas ausrichten. Da rief Herr Darmorada seinen Hund Rubin zu Hilfe. Doch der war gerade nicht sehr gut auf seinen Herrn zu sprechen, denn dieser hatte ihn ungerechterweise mit dem Stock geschlagen. Der Hund tat also, als höre er nicht.
„Rubin! Du sollst dem Kälbchen Beine machen, hörst du!"
Aber der Hund, anstatt das Kälbchen zu verbellen, setzte sich auf seine Hinterläufe und sagte: „Herr, du warst sehr ungerecht zu mir! Ich diene dir immer treu, und du schlägst mich, nur weil du schlechter Laune bist!"
„Es tut mir leid, vergiß es! Ich bitte dich, belle tüchtig und treibe das dumme Kalb weiter! Ich will dich auch dafür belohnen!"
„Ja, ja, belohnen – das kennt man", antwortete bitter der Hund und kreuzte die Vorderpfoten.
„Was willst du denn von mir?"
„Wenn du mir wenigstens alle Fleischbrocken überlassen würdest, die unter den Tisch oder den Hackstock fallen, dann wollte ich dir schon das Kälbchen nach Hause treiben."
„Gut gut, du sollst bekommen, was du forderst", nickte der Mann, aber er lächelte dabei so hämisch in sich hinein, daß es der Hund bemerkte. Dieses Lächeln gefiel ihm gar nicht, trotzdem scheuchte er das Kalb auf und trieb es nach Hause.
Als er seine Arbeit erledigt hatte, trat Rubin nochmals vor seinen Herrn und sagte: „Nicht daß ich dir mißtraue, Herr, aber es wäre mir doch lieber, wenn du das Versprechen, das du mir gegeben hast, auch schriftlich niederlegen würdest!"
„Meinetwegen", lachte Herr Darmorada, nahm eine Feder und kritzelte etwas auf ein Papier. „Hebe dir das Schriftstück gut auf", sagte er zu Rubin, als er es ihm überreichte. Dieser hatte nun das Stück Papier zwischen den Zähnen und dachte angestrengt darüber nach, wo er es nur verstecken sollte, ohne daß es ihm der Herr wieder wegnehmen konnte. Da fiel ihm die Katze ein. Er dachte: Die geht doch von

Zeit zu Zeit auf den Dachboden. Dort weiß sie bestimmt einige Plätze, wo nicht einmal die Sonne hinkommt! Wie gedacht, so getan!
Die Katze erfüllte seinen Wunsch mit Freuden. Sie versteckte das Papier unter dem Dachstuhl und berichtete Rubin davon. Er war nun beruhigt und legte sich dicht neben den Hackstock, auf dem Herr Darmorada das Fleisch zerteilte. Doch bald wußte der Hund, weshalb sein Herr so spitzbübisch gelacht hatte, denn vom Hackstock fiel kaum etwas zu Boden. Und so ging es nun Tag für Tag. Der Fleischhauer arbeitete sehr achtsam, und so wartete der Hund vergeblich auf einen guten Bissen.
Endlich schien ihm einmal das Glück hold zu sein, denn es fiel eine ganze Keule vom Hackstock. Als sich Rubin begeistert auf das saftige Stück stürzen wollte, erwischte sein Herr einen Stock und schlug solange auf den armen Rubin ein, bis er das Stück Fleisch ausließ. Ja, der wortbrüchige Herr jagte den Hund sogar zur Tür hinaus.
Voll Wut und Trauer lief Rubin zur Katze und klagte ihr sein Leid. „Er hat sein Versprechen nicht gehalten!" heulte er. Die Katze aber, um ihn zu trösten, sagte: „Aber du hast es ja schwarz auf weiß! Vergiß das Schriftstück auf dem Dachboden nicht!"
Der Hund wurde wieder froh und bat die Katze, ihm sogleich das Stück Papier mit dem Versprechen seines Herrn zu bringen. Bereitwillig sprang die Katze auf den Dachboden, doch sie kehrte lange nicht zurück, sehr lange! Rubin wartete und wartete. Vor Ungeduld fing er an zu jaulen, daß es durchs Haus schallte. Die Katze kam zurück, aber sie trug nichts zwischen den Zähnen.
„Wo hast du das Papier?" rief der Hund, und sein Fell sträubte sich im Nacken vor Bangigkeit.
Die Katze schwieg. „Wo hast du das Schreiben", knurrte der Hund und fletschte die Zähne.
Niedergeschlagen sagte die Katze: „Es ist fort. Die Mäuse haben es in ihrer Verspieltheit zu Krümel zerbissen."
Das war mehr, als Rubin ertragen konnte. Aufheulend wollte er sich auf die Katze stürzen. Aber diese sprang in ihrer Todesangst auf einen Baum und brachte sich dort in Sicherheit.
Von diesem Augenblick an haben sich die beiden nie mehr vertragen, und der Hund war nun auf immer ein Feind der Katze. Wenn sie ihn erblickte, floh sie voll Angst und Entsetzen. Die Katze aber konnte die in Brüche gegangene Freundschaft nie verschmerzen; und so übertrug sie ihren Zorn auf die Verursacher der Feindschaft – die Mäuse. Diese waren seither vor der Katze nirgendwo mehr sicher.
Der arme Hund aber lauerte weiter unter dem Tisch auf ein paar Brocken; und so tun es alle Hunde bis auf den heutigen Tag.

# Die Frau, die der Wind war

Ein armer Bursche diente als Hirte einem Bauern. Der Bauer behandelte ihn schlecht und ließ ihn hungern. Erst am Abend bekam er ein Stück Brot oder eine Suppe. Mitleidige Leute aus dem Dorf steckten ihm manchmal etwas zu.
Eines Tages kam ein Mädchen zu ihm auf die Wiese, das brachte dem armen Hirten etwas zu essen. Es war im Sommer, der Roggen fing gerade an zu blühen. Das Mädchen war so schön, daß er sich an ihm nicht sattsehen konnte. Seine Kleider waren fein wie zu einem Hochzeitsfest. Es trug bunte Haarbänder in den Zöpfen und ein Halsband aus Korallen. Sein weißes Hemd war reich bestickt. So ein schönes Mädchen hatte der arme Hirte noch nie gesehen.
Von nun an bringt die Schöne dem Burschen jeden Mittag etwas Gutes zu essen. Da gibt es Weißbrote von Weizenmehl, die sind so fein, wie der Bursche sie nicht einmal zu Ostern gegessen hat. Auch Käse, Butter, geschmalzene Plinsen und Wurst hat die Schöne in ihrem Korb. Aber wenn der Bursche ihr danken und sie umarmen will, läuft sie wie eine Bachstelze davon.
Eines Tages aber spricht sie zu ihm: „Wenn du willst, daß ich deine Braut werde und du mein Bräutigam, so mußt du nur ein geweihtes Kreuzlein auf mich werfen; dann werde ich nicht mehr davonlaufen."
Der Hirte beschaffte sich ein geweihtes Kreuzlein. Am nächsten Tag wirft er es auf die Schöne. Nun sagt sie zu ihm: „Wenn du willst, so komm mit mir in meine Heimat. Bei meinem Vater werden wir dann die Hochzeit feiern."
Der Bursche will ohne sie nicht mehr leben, deshalb antwortet er: „Ich gehe mit dir, wohin du willst. Nimm mich mit zu deinem Vater!"
Da schlingt sie ihre langen schwarzen Zöpfe um ihn und wickelt ihn ganz fest ein – ein Windstoß kommt und trägt beide davon. Sie fliegen und fliegen, endlich fliegen sie in ein schönes Haus hinein, mit hohen Zimmern und vielen Fenstern. Der Vater und zwei Schwestern kommen ihnen entgegen und begrüßen sie. Ihre Hochzeit wird gefeiert, und nach dem Essen soll getanzt werden. Die schöne Braut sagt zu ihrem Mann: „Komm, laß uns tanzen!"
„Ja, tanzen wir, du sollst dein Vergnügen haben!" sagt der Bräutigam. Er kann ja nicht wissen, was daraus entsteht.
Kaum hat sich die junge Frau ein paarmal gedreht, hält der Vater das Paar an und ruft: „Halt, halt! Schwiegersohn, du weißt es noch nicht, aber man darf sie nicht tanzen lassen! Wenn du nur ahnen könntest, was jetzt unten auf der Erde geschieht! Der Sturm hat dort die Hälfte aller Wälder umgerissen. Während meine Tochter sich hier gedreht hat, blies dort ein starker Wind."
Jetzt erst erfuhr der Bursche, daß die Frau, die er geheiratet hatte, der Wind war. Eine ihrer Schwestern war trübsinnig, immer schwermütig. Sie war der Donner. Wenn sie einmal zu lachen begann, dann donnerte es auf der Erde. Und die zweite Schwester war der Regen. Wenn sie anfängt zu weinen, dann regnet es auf der Erde in Strömen.

## Der März, der April und der Mai

Der März hat einmal – es ist schon sehr lange her – den April zu sich eingeladen. Der April stieg in seinen Wagen und begab sich auf die Reise. Doch der März wollte ihm einen Streich spielen und ließ Schnee und Frost kommen. Da blieb der Wagen des April stecken, und er mußte umkehren, denn er hatte ja keinen Schlitten, mit dem er hätte fahren können.
Aber im nächsten Jahr, als wieder eine Einladung vom März kam, hatte sich der April schon einen Schlitten besorgt. Er setzte sich hinein, spannte zwei Pferde vor und fuhr los. Nun kam es dem März aber in den Sinn, warme Winde blasen zu lassen. So gab es diesmal keinen Schnee, sondern die Flüsse traten aus ihren Ufern und überschwemmten das Land. Wieder konnte der April nicht fahren, und er ärgerte sich sehr.
Da traf er mit seinem Bruder, dem Mai, zusammen und dem klagte er: „Wie oft will ich schon zum März auf Besuch fahren, aber jedesmal geht es schief, und ich komme nicht hin, weder mit dem Wagen noch mit dem Schlitten! Es ist wie verhext!"
Der Mai lachte: „Soll ich dir einen guten Rat geben, Bruder April? Wenn du wieder einmal fahren willst, dann nimm den Wagen und den Schlitten und dazu noch ein Boot! Da hast du alles gleich bei der Hand und wirst hinkommen!"
Sehr gut! Der April bedankte sich bei seinem Bruder und wartete die Zeit ab. Dann machte er alles, wie es der Mai ihm geraten hatte. Zuerst fuhr er mit dem Schlitten los, denn es lag noch Schnee. Auf dem Schlitten hatte er einen Wagen und ein Boot geladen. Als nun der März seine warmen Winde blasen ließ und der Schnee schmolz, lud der April Schlitten und Boot auf den Wagen und fuhr damit weiter. Als aber das viele Wasser kam, weil die Flüsse und Bäche aus den Ufern traten, vertauschte er den Wagen mit dem Boot und setzte seine Reise auf dem Wasser fort.
So hat er tatsächlich den März in seinem Haus erreicht. Der staunte nicht schlecht über seinen Gast und schüttelte ein über das andere Mal den Kopf. „Wie ist es dir nur gelungen, hierher zu kommen? Wer hat dir verraten, wie man zu mir fahren muß?"
„Das war mein Bruder, der Mai", lachte der April. „Ohne seinen guten Rat hätte ich es nicht geschafft!"
Oh, da hat sich der März aber geärgert! Heimlich hat er sich geschworen: Warte nur, Brüderchen Mai, dir will ich noch eins auswischen!
Seht ihr, und genau darum erleben wir auch jetzt noch ab und zu Märzfröste mitten im Mai. Damit will sich der März am Mai rächen, was ihm auch oft gelingt.

# Das wunderbare Büchlein

In einem Dorf lebte einmal ein armer Taglöhner mit Namen Jan Rak. Rak aber wird dort der Krebs genannt, und so wollen wir ihn einfach den „armen Krebs“ nennen.
Dem armen Krebs ging es auch wirklich nicht gut, denn er plagte sich den ganzen Tag mit hungrigem Magen und mußte sich am Abend mit einer Suppe und einem Stück Brot vorlieb nehmen. So könnt ihr es euch an den Fingern abzählen, daß er kein leichtes Leben hatte!
Zu lachen gab es wirklich nicht viel, aber der arme Krebs beklagte sich nicht, denn es kam ihm nie in den Sinn, unzufrieden mit seinem Leben zu sein. So hielten ihn die Leute für einen einfältigen Dummkopf; und das war er vielleicht auch.
Seine Frau Boschena war da schon um einiges klüger und praktischer veranlagt, so daß er sie oft zu Rate zog. Einmal geschah es nun, daß die einzige Kuh im Stall keine Milch mehr geben wollte. Boschena kam mit dem leeren Eimer aus dem Stall. „Die Kuh muß jemand verhext haben“, sagte sie.
„Wieso verhext? Wie meinst du das?“ fragte ihr Mann.
„Was weiß ich! Jetzt müssen wir überlegen, was weiter werden soll“, sagte die Frau. „Wenn sie keine Milch mehr gibt, nützt sie uns nichts. Es wird das beste sein, du führst sie auf den Markt in der Stadt!“
„Und was soll ich dort mit ihr machen?“
„Verkaufen!“
„Verkaufen? Ich weiß doch gar nicht, was ich für die Kuh auf dem Markt bekomme!“
Die Frau wurde ärgerlich. „Bekommen? Du nimmst, was man dir gibt. Die Kuh ist alt und recht mager; viel wird man dir nicht bieten!“
Der Mann geht gleich in den Stall, um die Kuh loszubinden.
„Mann, sei nicht so dumm!“ schreit die Boschena. „Erst in zwei Wochen ist wieder Markt.“ Der arme Krebs bindet die Kuh wieder an und denkt nun zwei Wochen lang über nichts anderes nach als über den bevorstehenden Handel.
Endlich ist es soweit. Er steht ganz zeitig auf, treibt die Kuh aus dem Stall und beeilt sich derart auf dem Weg in die Stadt, daß ihm das arme Tier kaum folgen kann. Völlig erschöpft kommen sie dort an, und Jan Krebs sieht sich nach einem Käufer um. Da macht sich auch schon ein Kerl an ihn heran: halb städtisch, halb ländlich angezogen, mit einem rechten Gaunergesicht. Er begrüßte den ahnungslosen Krebs sehr freundlich und fragte: „Na, was wollt Ihr denn für die Kuh, Gevatter?“
Ohne sich lange zu bedenken, erwiderte er: „Was man mir halt gibt!“
„Das ist klug gesprochen“, nickte der Kerl. „Und damit Ihr nicht lange warten müßt, kaufe ich selber die Kuh. Hier habt Ihr ein Büchlein dafür, Es hat eine wunderbare Eigenschaft: alles, was Ihr wissen wollt, könnt Ihr daraus lesen.“ Er drückte dem verblüfften Mann ein abgegriffenes Buch in die Hand, griff nach dem Seil und ging mit der Kuh eilends davon.
Da stand nun unser Jan Rak und überlegte, ob das alte Büchlein nicht doch zu wenig für eine ganze Kuh sei. Endlich sagte er zu sich selber: Ach was, die Kuh ist verhext, und das Büchlein mit der wunderbaren Eigenschaft ist

sicher diesen Preis wert! Er dreht sich um und schreitet leichten Herzens nach Hause.
Seine Frau freilich schlug die Hände über dem Kopf zusammen, als sie das Büchlein sah, und schimpfte über seine Dummheit.
„Frau, hör auf!“ sagte der arme Krebs. „Ärgere dich nicht über dieses Büchlein. Es ist etwas Besonders, man kann alles herauslesen, was man nur wissen will!“
„Dann lies doch etwas vor!“ schrie die erboste Frau. Der arme Krebs nahm das Büchlein, öffnete es, sah das erste Blatt an, das zweite, das dritte ... aber es gelang ihm nicht, auch nur ein Wort zu entziffern. Er konnte ja gar nicht lesen! Er bemühte sich, aber er verstand die schwarzen Strichlein, Punkte und Schnörkel nicht. „Vielleicht lerne ich es noch“, versuchte er seine Frau zu beschwichtigen. Boschena aber tobte: „Was habe ich doch für einen Dummkopf zum Mann!“ Sie erzählte es der Nachbarin, die erzählte es weiter; und so kam die Geschichte mit dem wunderbaren Büchlein unter die Leute.
Es dauerte nicht lange, und ein Nachbar bat um Hilfe. Ihm war ein Fohlen gestohlen worden. Nun wollte er wissen, wer der Dieb war. Er drückte dem Krebs 20 Dukaten in die Hand und bat ihn, in seinem allwissenden Büchlein nachzusehen. „Komm in drei Tagen wieder“, sagte Jan Krebs zu ihm.
Der Nachbar war zufrieden. Seiner Frau sagte er, daß sie in drei Tagen wissen würden, wer der Fohlendieb war. Die Frau lief gleich zu ihrer Nachbarin und rief strahlend: „Wir haben ihn, wir haben ihn bald, den Dieb!“
Die Nachbarin wurde blaß vor Schreck und lief sogleich hinaus aufs Feld zu ihrem Mann und flüsterte ihm zu: „Mann, jetzt kommt es heraus, daß du das Fohlen gestohlen hast. Der Nachbar Krebs wird es aus seinem Zauberbuch herauslesen. Die Schande überlebe ich nicht!“
„Mach kein solches Gezeter, Alte!“ ärgerte sich der Mann. „Ich will zu Jan Rak gehen und mit ihm ein vernünftiges Wort reden. Ich bringe schon wieder alles in Ordnung!“ Er holte aus seinem Geldbeutel 20 Goldstücke und klopfte beim Nachbar Krebs an.
„Paß auf“, sagte er zu ihm, „ich gebe dir diese 20 Dukaten, wenn du niemandem verrätst, daß ich dieses Fohlen gestohlen habe.“
„Warum sollte ich das?“ meinte der arme Krebs und steckte schnell das Geld ein.
„Und jetzt mußt du mir noch raten, wie ich das Fohlen rasch wieder los werde, ohne daß ein Verdacht auf mich fällt“, bat der Mann.
Rak sah ihn pfiffig an und meinte: „Du mußt das Fohlen mit Seifenschaum einreiben und laufen lassen. Es findet dann schnurstracks in seinen alten Stall zurück!“
Erleichtert und auch mit leichterem Geldbeutel kehrte der Bauer heim. Als es dämmerte, seifte er das Fohlen ordentlich ein und ließ es frei.
Tatsächlich lief es gleich hinüber in den Nachbarhof. Die Freude war groß, als man es fand. Sein Besitzer liebkoste es und rief: „Armes Tierchen, du mußt weit gelaufen sein, daß du so mit Schaum bedeckt bist!“ Er holte ein Tuch und rieb es trocken. Dann führte er es in den Stall und füllte ihm die Krippe mit Hafer und Heu.
Noch am selben Tag wußte man im ganzen Dorf, daß der Taglöhner Jan Rak mit Hilfe seines wunderbaren Büchleins das Fohlen aus einer weit entfernten Gegend zurückgezaubert

hatte. Nun galt er als sehr gelehrter Mann.
Sein Ruhm verbreitete sich rasch, sogar bis an den Hof des Fürsten. Der hohe Herr kümmerte sich für gewöhnlich nicht um derlei Gerüchte, doch diesmal machte er eine Ausnahme. Er wollte von diesem Jan Rak alles wissen; und das hatte seinen Grund. Dem Fürsten war sein kostbarer Verlobungsring abhanden gekommen, und alle Nachforschungen waren vergeblich geblieben. War er verlegt, verloren oder gestohlen worden? Man wußte es nicht. Der Fürst aber, dem die Auffindung dieses Kleinods sehr am Herzen lag, setzte nun alle Hoffnung auf den Mann mit dem Wunderbüchlein. Er ließ Jan Rak mit einer Hofkutsche abholen. Dieser konnte es kaum glauben, als die Kutsche vor seiner Hütte hielt und die Bedienten ihn höflich baten, darin Platz zu nehmen.
„Mann, ich bitte dich, was soll das bedeuten? Wohin bringt man dich?“ schrie die Frau.
„Wie soll ich das wissen?“ brummte Rak. „Steig ein!“ Mann und Frau fuhren gemeinsam an den Fürstenhof. Der hohe Herr kam ihnen entgegen und begrüßte sie freundlich. Man führte sie in ein schönes Zimmer und hieß sie an einem gedeckten Tisch Platz nehmen.
„Ihr werdet eine Erfrischung brauchen, nach der langen Fahrt“, meinte der Fürst.
„Lieber etwas Ordentliches zu essen! Meiner Seel', Hunger habe ich wie ein Wolf!“ erwiderte Jan Rak.
Der Fürst lächelte und gab den Dienern einen Wink. „Laßt es euch gut schmecken“, sagte er zu den beiden und verließ den Raum.
Die Diener hatten Mühe, ihr Lachen zu verbeißen, denn solche Gäste hatten sie noch nie an der Tafel bedient. Als die große Suppenschüssel auf den Tisch gestellt wurde, zog sie der Mann gleich zu sich heran und rief: „Komm Frau, lange zu!“ Sie schoben die Teller beiseite und löffelten aus der Suppenschüssel, bis sie leer war.
Zufrieden knöpfte sich der Mann den untersten Knopf seiner Weste auf und sagte zu seiner Frau: „Siehst du, das war der Erste!“
Der Diener, der soeben die Platte mit dem Fleisch hereintrug, erschrak. Weil ihm plötzlich die Hände zitterten, stellte er rasch die Platte ab und lief hinaus.
Die hungrigen Gäste bemerkten das sonderbare Gebaren nicht, denn sie aßen gierig drauflos und futterten alles in sich hinein. Jan mußte wieder einen Knopf an seiner Weste öffnen.
Gerade als ein neuer Diener mit einer neuen Schüssel erschien, sagte er zufrieden: „Frau, das war der Zweite!“
Als der Diener das hörte, erbleichte er und machte, daß er hinauskam.
Der arme Krebs und seine Frau aber schmausten weiter und stopften alles in sich hinein. Als nun seine Weste zu platzen drohte, knöpfelte er rasch noch einen Knopf auf und sagte: „Frau, das war der Dritte!“
Natürlich hörten es die Diener, und waren nun so verstört, daß es auch unserem Rak auffiel. Er neigte sich zu seiner Frau hinüber und sagte: „Meinst du nicht auch, Frau, daß die Leute hier nicht geheuer sind?“
Da fielen die drei Bedienten vor ihm auf die Knie und jammerten und weinten und baten ihn, sie nicht zu verraten.
„Wir wollen Euch den Ring des Fürsten, den wir gestohlen haben, übergeben und dazu noch 400 Golddukaten . . .“ riefen sie.

„Herbei damit!“ nickte Jan Rak und blinzelte zu seiner Frau hinüber. Die Sache hier ließ sich ganz gut an, fand er. Die Bedienten brachten den Ring und die Golddukaten herbei, und einer von ihnen bat: „Könnt Ihr uns nicht vor der Strafe des Gnädigen Herrn bewahren? Helft uns doch, wir fürchten uns so sehr!“

„Bringt mir eine Ente“, befahl Jan Rak. Sogleich fingen sie eine Ente ein und brachten sie zu ihm. Jan Rak stopfte der Ente den Ring in den Schlund, und sie verschluckte ihn. Danach riß er ihr drei Schwanzfedern aus und ließ sie wieder in den Hof tragen.

Staunend verfolgten die drei Diener diese Vorkehrungen. Sie wußten sich keinen Reim darauf zu machen. Der nimmersatte Rak aber fragte, was es denn noch zu essen gäbe, und sie schleppten weiter Schüsseln und Platten herbei.

Endlich trat der Fürst wieder ins Zimmer, setzte sich zu ihnen und sagte: „Guter Mann, ich habe nach Euch geschickt, weil ich gehört habe, daß Ihr ein wunderbares Büchlein besitzt, aus dem Ihr alles, was Ihr nur wollt, herauslesen könnt. Weil ich nun einen großen Verlust erlitten habe . . .“

Jan Rak fiel ihm ins Wort: „Ich weiß, Euer Verlobungsring ist verschwunden. Ist es nicht so?“ Erstaunt blickte ihn der Fürst an. „Wie? Ihr wißt es schon? Hat es Euch Euer wunderbares Buch verraten? Dann könnt Ihr mir vielleicht auch sagen, wo der Ring hingekommen ist . . .?“

Jan Rak nickte bedächtig. Er ließ sich Zeit, dann nahm er den Fürsten bei der Hand und führte ihn zum Fenster. Er wies auf eine der Enten, die im Hof herumwatschelten, und sagte: „Seht Ihr dort die Ente, der die Schwanzfedern fehlen? Sie hat Euren Ring im Magen.“

Der Fürst war sehr verwundert, aber da er an die Allwissenheit des Büchleins glaubte, ließ er die Ente sogleich fangen und abstechen. Tatsächlich fand der Koch im Magen der Ente den kostbaren Ring und brachte ihn seinem Herrn. Der Fürst war überglücklich und rief in seiner Freude: „Ihr seid wahrhaftig ein unglaublich gelehrter Mann! Wie soll ich Euch nur belohnen?“

„Ganz wie es Euch beliebt, hoher Herr“, schmunzelte Jan Rak. Da ließ der Fürst einen Beutel mit Golddukaten bringen und sagte: „Hier, nehmt den Beutel, damit Ihr wißt, wie ich Eure Gelehrsamkeit schätze! Ihr sollt mit Eurer Frau fortan bei mir auf dem Schloß wohnen und alles haben, was Ihr nur wünscht!“

„Ei, das ist mir recht. Wir bleiben gerne auf dem Schloß, nicht wahr, Frau?“ Die Frau nickte eifrig, und so war die Sache abgemacht. Der einstmals „arme Krebs“ wohnte nun in den fürstlichen Gemächern, und die Diener hatten ihm jeden Wunsch zu erfüllen.

Am nächsten Tag lud ihn der Fürst zur großen Hoftafel, denn er wollte ihn den anderen hohen Herrschaften vorstellen. Die Urwüchsigkeit des Bauern und seine derben Sprüche belustigten die ganze Gesellschaft, so daß sie vor Lachen fast aufs Essen vergaßen. Auch der Fürst war bei bester Laune, und so kam ihm der Gedanke, die Weisheit seines ländlichen Gastes vor allen auf die Probe zu stellen.

Er sagte daher zu Jan: „Gelehrter Freund, wenn Ihr alles wißt und jede Frage mit Hilfe Eures wunderbaren Büchleins beantworten könnt, so verratet uns doch, was sich in der Schüssel befindet, die soeben hineingetraten wurde!“

Jan Rak starrte auf die Schüssel und war vor Schreck ganz blaß geworden. Wie sollte er erraten, was sich darin befand? Ganz tief seufzte er auf und murmelte vor sich hin: „Armer Krebs, jetzt ist es bald zu Ende mit dir, jetzt hast du verspielt!"
Aber da sprang der Fürst begeistert auf, klatschte in die Hände und rief: „Bravo, richtig geraten! Ihr seid ein Meister Eures Faches!" Er deckte die Schüssel auf, und alle konnten sehen, daß es Krebse waren, die sich darin befanden. Da wunderten sich die Gäste über die Allwissenheit des einfachen Mannes. Am meisten aber wunderte sich Jan Rak darüber, daß er glücklich aus dieser gefährlichen Lage herausgekommen war.
Von diesem Tag an wurde er im ganzen Land als hervorragender Gelehrter und Weiser gefeiert. Seht ihr, so kann auch ein „arme Krebs" zu Ansehen und Ehren kommen!

# Der Teufel und die Näherin

Vor langer langer Zeit lebte eine Näherin, die war überaus geschickt und flink bei ihrer Arbeit. So weit der Himmel blau war und die Erde grün, man hätte keine bessere finden können! Dieses Mädchen bildete sich aber sehr viel ein auf seine Geschicklichkeit; so sagte es einmal halb im Spaß und halb im Ernst: „Meinetwegen könnt' der Leibhaftige kommen und mit mir um die Wette nähen, ich fürcht' mich nicht und wollte ihm schon den Sieg streitig machen!"

Der Teufel, der feine Ohren hat, vernahm ihre Worte in der Hölle drunten und sagte sich: „Warte nur, dich will ich schon klein kriegen, du unverschämtes Frauenzimmer!" Er fuhr hinauf auf die Erde in seinem höllischen Gewand und suchte schnurstracks die Näherin in ihrer Stube auf.

„Hier bin ich, und ich nehme die Wette an. Jetzt sieh zu, wie du zurechtkommst!" rief der Schwarze der Erschrockenen zu.

Die Näherin versuchte, alles abzuschwächen und sich herauszureden, doch der Teufel beharrte auf der Wette. So wurde vereinbart, daß beide zu gleicher Zeit beginnen sollten, ein Hemd zu nähen. Konnte der Teufel die Arbeit früher vollenden als die Näherin, dann mußte sie mit ihm in die Hölle fahren.

Sogleich wurde begonnen. Mit dem Zuschneiden des Hemdes wurden beide fast gleichzeitig fertig. Aber dann kam es zum Nähen! Da hättet ihr dabei sein sollen, denn so etwas sieht man nicht alle Tage! Der Teufel, der keinen Augenblick verlieren wollte, fädelte beinahe den ganzen langen Faden, der auf dem Zwirnknäuel war, durch sein Nadelöhr. Das war aber nicht sehr geschickt von ihm, denn, obwohl er sehr sehr lange Arme hatte, mußte er bei jedem Stich dreimal um das Haus herumlaufen. Noch dazu hatte er vergessen, zu Anfang der Näherei einen Knopf in den Faden zu machen, und lief deshalb die drei ersten Male umsonst.

Die Näherin fädelte, wie sie es immer tat, einen nicht zu langen und nicht zu kurzen Faden durch die Nadel, machte einen ordentlichen Knopf und nähte Stich um Stich. Sie sah nicht einmal auf; erst als der letzte Stich an dem Hemd getan und das Werk vollendet war, blickte sie nach dem Teufel, der sich immer noch mit seinem langen Faden abmühte. Da lachte die Näherin laut auf und rief: „Hier, Schwarzer, ist mein Hemd! Es ist fix und fertig, und kein Knopf fehlt daran, überzeuge dich nur selber!" Und sie warf dem Teufel das Hemd in seine pechkohlrabenschwarze Schnauze.

Hei, da wurde er gleich puterrot vor Zorn, daß er die Wette verloren hatte. Am liebsten wäre er in ein Mauseloch gekrochen, weil er nicht einmal eine ganze Naht zusammengebracht hatte. Da half nun gar nichts: die Wette war verloren. Nie mehr hat man davon gehört, daß der Teufel eine Näherin zum Wettkampf mit der Nadel herausgefordert hätte.

Aber wenn einer recht ungeschickt die Arbeit angreift, dann sagt man noch heute: Der macht es wie der Teufel, der bei jedem Stich dreimal um das Haus herumläuft. Und das ist wahrlich kein Lob, sondern eine Schande!

# Von den schlafenden Rittern im Tatra-Gebirge

Im hohen und wilden Tatra-Gebirge, so erzählt man sich, schläft ein ganzes Heer von Kriegern mit ihrem König in einer unterirdischen Höhle. Dieser König namens Chobry hatte sie auf einem Kriegszug aus Posen oder Gnesen hierhergeführt. Nun ruhen sie hier bis zum Jüngsten Tag. Nur ein barfüßiger Junge, der in der Nähe seine Schafe hütete, soll die Ritter einmal gesehen haben. Und das kam so:
Vom Dorf Koscielisko, das später Zakopane hieß, trieb der Junge die Schafe seines Vaters immer herauf ins hochgelegene Tal und ließ sie hier weiden. Ein weißer Schäferhund half ihm, die Tiere beisammen zu halten, und so konnte der Junge auf den Felsen herumklettern. Hier sammelte er Edelweiß und Enzianwurzeln und entdeckte dabei auch verschiedene Höhlen, zu welchen niemand anderer den Zutritt kannte.
Als er nun wieder einmal so herumkletterte, kam er zu einer abseits gelegenen Stelle mit schwarzglänzendem Gestein. Zwischen hohen Fichten und verkrüppelten Kiefern lagen riesige Felsblöcke herum, die man nicht einmal mit hundert Pferden hätte fortschaffen können. Der Junge sah sich um und erschrak, denn hier war alles geheimnisvoll und fremdartig. Um sich Mut zu machen, hielt er beide hohlen Hände an den Mund und stieß einen lauten Ruf aus, der als Echo von den Felswänden zurückkam. Dann wandte er sich dem Wildbach zu, der hier schäumte, und rief nochmals ganz laut. Wieder kam das Echo deutlich von den Bergen zurück. Doch als er zum drittenmal seinen Ruf ausstieß, da kam es dumpf aus dem Berg herauf, und es klang wie die Stimme einer Orgel.
In diesem Moment öffnete sich mit großem Getöse der Felsen. Vor den Augen des erschrockenen Knaben erschien eine gewaltige Gestalt. Es war ein Ritter, der in einer goldenen Rüstung steckte. An seinen Schultern waren kurze Flügel angebracht, die wie Adlerschwingen aussahen, und in der Hand hielt er ein breites Schwert. Mit kräftiger Stimme rief der Ritter dem Knaben zu: „Wer getraut sich, uns zu wecken? Ist denn die Zeit für uns schon gekommen?"
Der Junge war viel zu erschrocken, um antworten zu können; außerdem hatte er die Frage gar nicht verstanden. Als das der goldene Ritter sah, wurde er freundlicher und sagte: „Hab keine Angst, ich bin kein Räuber, und ich will dir auch nichts Böses antun. Ich bin ein Ritter des Königs und habe einst für mein Vaterland gekämpft. Meine Kameraden und ich schlafen hier in einer unterirdischen Höhle. Unser Schlaf kann Jahrhunderte dauern, so lange, bis alle Menschen so gut und fromm geworden sind wie du, mein Kind. Dann erst wird unser Volk das Joch, das es erdulden muß, abschütteln können. Wenn es einmal so weit ist, dann wird ein Knabe kommen, einer wie du und auserwählt aus vielen Tausenden. Er wird an die goldene Pforte klopfen, die zu uns führt, und rufen:
‚Ritter, erwacht aus eurem langen Schlaf,
steht auf, kommt wieder zu den Menschen!

Sie sind gut und weise geworden und ertragen
das Joch der Herrschaft des Bösen nicht mehr.
Geflügelte Ritter, es ist Zeit, erwachet!'"
Mit weit aufgerissenen Augen starrte der Hirtenjunge den goldenen Ritter an. Ob er seine Worte ganz verstanden hatte?
Der Ritter aber fuhr fort mit seiner tiefen, mächtigen Stimme: „Siehst du, jener Knabe wird die Wahrheit sagen, und wir werden ihm glauben! Wir werden unseren Pferden die Sporen geben und mit dem Schwert in der Hand losstürmen. Die Bäume werden sich unter den Hufen unserer Pferde beugen wie Gras, Felsblöcke werden wie kleine Steinchen von den Höhen fallen. Flüsse und Seen werden aus ihren Ufern treten, und der Nebel wird so dicht sein, daß man die Erde nicht sehen wird. Himmel und Erde werden vom Donner erbeben, und die Blitze werden sich kreuzen wie die Schwerter der Erzengel bei ihrem Kampf mit dem Satan. Ganz plötzlich aber wird der Donner verstummen, und die Furcht wird der Ruhe Platz machen. Die Sonne wird wieder scheinen, und die Menschen werden von der Knechtschaft befreit sein und für das Wunder des Sieges danken." So sprach der Ritter.
Der Hirtenjunge hörte voll Staunen zu. Noch nie hatte er jemanden so sprechen gehört. Er fiel auf die Knie und versprach, allen Menschen seiner Heimat zu verkünden, was er soeben gehört hatte. Da hob ihn der Ritter auf und sagte: „Komm mit mir, damit du auch meine Kameraden siehst, denn du sollst alles genau berichten!"
Er führt den Knaben in eine unterirdische Höhle. Die war so groß, daß man einige Stunden gebraucht hätte, um sie zu durchqueren. Hundertmal größer war sie als die Höhle in Kobyli Wierch bei Bela in der Zips. Von der Decke hingen sonderbare versteinerte Gebilde herab, ähnlich dem Türkenbund, der so reichlich in der Tatra blüht. Aus dem Boden ragten Säulenstümpfe aus gelblichem Gestein empor, die das Licht wie Alabaster durchschimmern ließen. Als der Ritter sie im Vorbeigehen berührte, ertönten wunderbare Klänge wie von Orgelmusik.

Sie gingen in eine andere Höhle, und hier bot sich dem Hüterjungen ein noch wundersameres Bild: in unzähligen Reihen erblickte er Ritter mit goldenen Helmen, in goldenen Rüstungen und mit den Adlerschwingen an den Schultern. Jeder hatte sein Schwert in der Hand. Sie saßen auf kostbaren Decken oder Fellen und schienen zu schlafen. Auch ihre Pferde lagen da und begannen ganz leise zu schnauben, als sich der Ritter mit dem Jungen ihnen näherte. „Noch nicht! Schlaft weiter!" rief der Ritter. Da schliefen sie wieder, und keiner rührte sich. Bevor sich der Ritter wieder zu ihnen gesellte, zeigte er dem Knaben noch den Ausgang aus der Höhle und sagte: „Suche diesen Weg zu uns nie mehr, hörst du! Du würdest ihn nicht finden."
Hinter dem Jungen schloß sich das goldene Tor mit Getöse, und er kehrte zu seinen Schafen und dem Hirtenhund zurück. Er mußte immerzu an sein Erlebnis denken und erzählte alles seinem Vater, auch daß er versprochen habe, alles, was ihm der Ritter erzählt hatte, unter die Menschen zu bringen, damit es einmal in Erfüllung gehen sollte. Sein Vater war ein kluger und gütiger Mann. Er glaubte seinem Sohn

und nahm alles ernst, was er von ihm gehört hatte. Doch er meinte, der Junge müsse noch viel lernen, um später andere Menschen führen und belehren zu können.
So sollte es auch geschehen. Der kleine Hüterjunge wurde ein weiser, gelehrter Mann. Er bemühte sich redlich, die Weisheit der Güte, der inneren Kraft und des Glaubens zu lehren. Doch sein Leben war zu kurz, um die ganze Aufgabe erfüllen zu können. Viele seiner Schüler traten an seine Stelle, immer mehr kamen dazu, aber es waren immer noch nicht genug, und es werden noch viele Tausende nötig sein, bis die Prophezeiung des geflügelten Ritters in Erfüllung geht. Wir sind jetzt noch nicht würdig, aber wir wissen es wohl, daß in den Felsenhöhlen des Tatra-Gebirges die goldenen Ritter schlafen und warten. Wenn einstmals alles so sein wird, wie es soll, dann kommt wieder ein Knabe wie damals. Und dieser wird den Weg zu dem Felsen finden und wird den schlafenden Rittern zurufen können: „Ihr goldenen Ritter, wacht auf! Es ist Zeit!“

# Kater Mitzpuff

Es war einmal eine arme alte Frau, die besaß außer ihrer kleinen Hütte nur einen Kater. Mitzpuff hieß er, und er war ein besonders kluges Tier. Da nichts mehr zum Essen im Haus war, sagte die alte Frau zu ihm: „Ach, mein lieber Mitzpuff, wir haben kein Krümelchen Brot und kein Schlücklein Milch mehr, ich kann dir nichts geben, geh hinaus in den Wald und suche dir etwas, damit du nicht verhungerst!"
Der Kater ließ sich das nicht zweimal sagen, denn er war schon sehr hungrig. So lief er hinaus in den Wald, wo er ein totes Pferd fand. Gleich sprang er darauf zu und fing an zu reißen und zu beißen. Es dauerte nicht lange, da kam der Fuchs geschlichen. Er wollte sich auch seinen Anteil an der Beute holen. Als er aber von weitem den Kater auf dem Rücken des toten Pferdes erblickte, nahm er den Schwanz zwischen die Beine und machte, daß er davonkam. Er war ganz außer Atem, als er dem Bären begegnete. Der rief verwundert: „Gevatter Fuchs, was ist los? Warum rennt Ihr denn so?"
„Ach, fragt nicht lange, lauft, wenn Euch Euer Leben lieb ist! Auf einem großen Pferd sitzt ein kleines Ungeheuer. Es hat das fünfmal größere Tier getötet und frißt es auf!"
Das machte den Bären neugierig, und er brummte: „Was du nicht sagst! Das muß ich mit eigenen Augen sehen!" Langsam trottete er auf die Stelle zu, die ihm der Fuchs gewiesen hatte. Der folgte ihm vorsichtig, blieb dann aber in einiger Entfernung stehen.
Es dauerte nicht lange, und der Bär kam in vollem Lauf zurück. Entsetzt brummte er dem Fuchs zu: „Fort, nur fort! Wir sind in höchster Gefahr!"
Beide rannten, daß ihnen Hören und Sehen verging. Sie stießen bei ihrer Flucht auf den Wolf, der gemütlich durch den Wald schlenderte. „He, warum so eilig? Ist euch jemand auf den Fersen? Ihr zittert ja!" rief er.
Da japsten der Fuchs und der Bär ganz außer Atem: „Frage nicht, du Unglücklicher. Rette dich, wenn dir dein Leben lieb ist! Dort am Waldrand sitzt ein kleines Ungeheuer auf einem fünfmal größeren Tier. Es hat das Tier getötet und frißt es auf!"
Doch der Wolf schüttelte trotzig den Kopf und sagte: „Mir soll man nicht nachsagen, daß ich Angst habe. Das will ich euch beweisen!" Und er lief zum Waldrand, um sich alles selbst anzusehen. Der Bär und der Fuchs blieben in sicherer Entfernung und warteten auf ihn.
Es dauerte gar nicht lange, da kam der Wolf wie ein dunkler Schatten dahergestoben und jaulte atemlos: „Schnell, rettet euch! Ihr habt recht, es ist ein entsetzliches kleines Ungeheuer, das vor nichts zurückschreckt!"
Jetzt liefen also alle drei davon und stießen auf das Wildschwein. Es grunzte vergnügt: „Was ist los? Habt ihr Feuer unterm Schwanz oder seid ihr närrisch geworden?"
„Frage nicht lange, rette dich mit uns, wenn dir dein Leben lieb ist! Dort am Waldrand sitzt ein kleines gräßliches Ungeheuer. Es hat ein fünfmal größeres Tier umgebracht und frißt es auf mit Haut und Haar!"
Da schnaubte das Wildschwein: „Ihr Feiglinge, ihr Memmen! Wartet nur, gleich will ich es mit meinen

Stoßzähnen durchbohren, euer Ungeheuer!“ Das Wildschwein rannte in die angegebene Richtung, schnaubte fürchterlich laut und rannte blindlings auf das tote Pferd los. Es stieß ihm seine spitzen Hauer in den Leib, noch ehe es den Kater Mitzpuff gesehen hatte. Dieser war erschrocken, machte einen Katzenbuckel und fauchte das Wildschwein mit großen runden Augen an. So standen sie Aug in Aug, aber das Wildschwein konnte nicht gleich seine Hauer freibekommen und glaubte nun, das kleine Ungeheuer hätte es gepackt. Mit einer letzten verzweifelten Anstrengung riß es sich los und schoß wie der schwarze Blitz davon. Das gefiel dem Kater Mitzpuff; zum Spaß lief er dem Wildschwein nach.

Dieses aber stürzte und rannte zu den anderen zurück und schnaubte: „Es kommt! Das grausige Ungeheuer kommt mir nach! Rettet euch, wir sind verloren!“ Zum Glück lag da ein dicker hohler Baumstamm. Das Wildschwein zwängte sich hinein, um sich zu verstecken. Die anderen drei flüchteten in ihrer Angst auf die umstehenden Bäume.

Lustig und sehr mutig kam der Kater Mitzpuff dahergesprungen. Er hüpfte auf den Baumstamm und sah die Schwanzspitze des Wildschweins herausstehen. Er packte sie mit den Tatzen und fing an, daran herumzureißen.

Das Wildschwein in seiner Todesangst grunzte und schrie so jämmerlich, daß seine Gefährten vor Schreck vom Baum herunterplumpsten. Der Fuchs rannte davon, der Bär aber hatte sich das Bein verstaucht und hinkte ihm nach; der Wolf war auf ein spitzes Holz gefallen und hatte sich daran aufgespießt. Sein Rachen stand weit offen, und er bleckte alle seine spitzen Zähne. Als der Fuchs das sah, rief er verärgert: „Gevatter Wolf, warum lacht Ihr uns aus? Ist es eine Schande, wenn man sein Leben retten will?“ Aber der Wolf antwortete nicht, denn er war schon tot. Auch das Wildschwein, das sich vor Angst nicht getraute, aus dem hohlen Baum zu kriechen, verendete darin.

Der Fuchs und der Bär aber laufen immer noch. Wartet nur, wenn der Kater Mitzpuff sie einmal erwischt, dann ist es auch mit ihnen aus! Aber ob er dann wohl noch so hungrig ist?

## Der Zigeuner in der Wolfsgrube

Einstmals kam ein Zigeuner in der Nacht vom Jahrmarkt, der in Medwisch zu Ehren der heiligen Magarethe abgehalten worden war. Er hatte zu tief ins Glas geschaut; so torkelte er beschwipst auf der Landstraße dahin. Ab und zu hob er seine Geige und fiedelte sich ein fröhliches Liedchen. Dabei kam er bald vom Sträßlein ab und verirrte sich im Wald. Zu allem Unglück fiel er auch noch in eine Wolfsgrube.

Lange krabbelte der Bursche hin und her, aber es war alles vergeblich, die Wände waren zu steil, er konnte sich aus dem Loch nicht befreien. So setzte er sich gottergeben hin und wäre fast eingeschlafen, als plötzlich ein richtiger Wolf in die Grube plumpste. Wie erschrak da der Zigeuner vor dem schwarzen Ungeheuer mit den glühenden Augen und den spitzen Zähnen! Aber er verhielt sich ruhig. Wieder nach einer Weile kam ein Fuchs des Weges, und auch er plumpste in die Fallgrube. Er erschrak vor den glühenden Augen des Wolfs und dachte: Da sitzt ja der lebendige Teufel! Der Fuchs zog sich ebenfalls in eine Ecke zurück und blieb ganz ruhig. Schließlich fiel noch ein Esel in die Grube. Beim Anblick des schwarzen Ungeheuers zog er sich ängstlich in die letzte freie Ecke zurück.

Der Zigeuner zitterte vor Angst, daß nun einer den anderen auffressen würde. In seiner Angst nahm er die Fiedel und spielte ein Lied um das andere. Diese Musik aber mochte weder der Wolf, noch der Fuchs, noch der Esel. Sie fingen an zu heulen, zu bellen und (I-ah) zu schreien. An ihren unterschiedlichen Lauten erkannten sie einander. Der Fuchs rief den beiden zu: „Ach ihr seid es, Gevattern! Habt ihr auch solche Angst wie ich? Ich sage euch, wir sind alle verloren, wenn wir nicht gleich etwas zu unserer Rettung unternehmen! Ihr, Gevatter Esel, stellt Euch auf die Hinterbeine an die Wand. Dann können ich und der Gevatter Wolf hinaufklettern. Wenn wir oben sind, ziehen wir Euch empor! Folgt meinem Rat, ich bitte Euch!“

Der Esel tat so, wie der Fuchs gesagt hatte: Er stellte sich an die Wand der Grube, hob sich auf die Hinterbeine und ließ die beiden hinaufspringen. Als sie wieder in der Freiheit waren, dachten sie gar nicht daran, den dummen Grauesel hinaufzuziehen. „Helfe Euch Gott, Gevatter!“ riefen sie ihm zu und machten sich eilig aus dem Staub.

Der Zigeuner aber war recht froh, als er sich jetzt mit dem Esel allein sah. Er hörte auf zu fiedeln und sagte: „He, Grauchen, vor mir brauchst du keine Angst zu haben. Kennst du mich nicht? Ich bin doch der schwarze Midi, der dir schon deine Schuhe beschlagen hat!“ Da nickte der Esel mit seinem großen Kopf und war beruhigt. Vor dem schwarzen Midi hatte er keine Angst. Nun legten sich beide nebeneinander zum Schlafen nieder. Sie schliefen friedlich bis zum nächsten Morgen, als man ihnen aus der Grube half.

# Das verlassene Räuberhaus

Der Wolf war von seiner Beinverletzung geheilt und ging, da er wieder einmal gräßlichen Hunger hatte, zur Behausung des schlauen Fuchses und rief: „He Gevatter, könnt Ihr mir raten, wo ich meinen Hunger stillen kann? Ich bin schon ganz schwach und leide große Not!"
„Aber ja, ich weiß wohl, wo etwas Gutes zu holen ist", prahlte der Fuchs. „Aber ich weiß nicht, ob ich Euch trauen kann. Ihr habt mich schon einmal ganz schändlich betrogen!"
„Ach, vergeßt es, guter Gevatter! Tragt es mir nicht weiter nach. Ihr könnt Euch großen Dank verdienen!" säuselte der Wolf. Der Fuchs aber dachte: Warte nur, du Schelm, dir will ich einen feinen Braten verschaffen! Er war eben von einem Tagesausflug heimgekommen und hatte unterwegs mit vier Wanderburschen gesprochen, die auf dem Weg nach Blasendorf in einer verlassenen Räuberhütte übernachten wollten. An die dachte er, als er zum Wolf sagte: „Gevatter Wolf, im Wald, dort wo er am dichtesten ist, steht eine verlassene Hütte. Dort haben Räuber große Schätze an Fleisch und Wein und anderen guten Dingen versteckt. Sie mußten fliehen und haben niemanden zurückgelassen außer bösen Geistern, die sie beschworen haben. Wie steht's nun mit Eurem Mut, Gevatter Wolf? Fürchtet Ihr Euch vor Geistern? Ich selbst, das gestehe ich, würde es nicht wagen, hinzugehen."
„Elender Feigling. Wie gut, daß ich nicht bin wie du. Ich fürchte mich nicht; keiner aus meiner Familie hat sich jemals vor Geistern gefürchtet! Also, zeigt mir nur den Weg!" Es war schon Abend, als der Fuchs den Wolf in den Wald führte und ihm von ferne die Hütte zeigte.
In dieser Hütte hatten es sich die vier Reisenden schon bequem gemacht. Die Katze saß auf dem Pferd und schnurrte, der Esel stand vor der Haustür, der Ochs vor der Hoftür, der Hahn aber saß oben auf dem Türbalken.
Der Wolf schlich heran; ehrlich gesagt, es war ihm nicht ganz wohl zumute. Seine Angst stieg, je näher er der Hütte kam. Umkehren mochte er freilich nicht, denn er wollte sich nicht dem Spott des Fuchses aussetzen. Dieser war in Sicherheit und schaute von weitem zu.
Die Türen der Hütte waren offen; nichts rührte sich, denn die vier Wanderburschen schliefen. Der Wolf schlich ins Innere der Hütte. Die Katze erwachte und pfauchte und machte feurige Augen. Entsetzt wich der Wolf zurück, aber mit einem Satz sprang sie ihm auf den Kopf und kratzte ihn an der Schnauze. Der Wolf fing an zu heulen; er wollte sie abschütteln und fliehen, aber davon erwachte der Esel. Er versetzte dem Eindringling einen Hufschlag, daß er taumelte. Dann nahm ihn der Ochs auf seine Hörner und schleuderte den Wolf hoch in die Luft. Als das der Hahn sah, schrie er laut: „Kikerikie! Kikerikie!"
Dem Wolf blieb nur noch die Flucht; er raste davon, raste am Fuchs vorbei, ohne ihn zu sehen. „He Gevatter, was ist denn los? Habt Ihr Feuer unter dem Schwanz?" rief dieser ihm nach. Doch der Wolf rief nur zurück: „Flieht und fragt nicht!"

Ganz gemächlich spazierte der Fuchs hinter dem Wolf her und traf ihn dann in seiner Höhle. „Jetzt erzählt einmal, Gevatter Wolf, was geschehen ist!"
Der Wolf zitterte immer noch, und sein Atem ging stoßweise. „Jetzt glaube ich auch an Geister", sagte er kleinlaut. „Denkt Euch, Gevatter Fuchs, auf dem Herd saß eine Hexe mit feurigen Augen. Sie pfauchte mir entgegen: Dich freß' ich, dich freß' ich! Im Nu sprang sie mir auf den Kopf und fing an, mein Gesicht zu zerkratzen. Ich lief rasch fort. Aber vor der Haustür stand einer mit einer großen Keule, der versetzte mir einen Schlag, daß mir Hören und Sehen verging. Und vor der Hoftür, da stand einer mit einer spitzen Gabel, der nahm mich auf wie einen Heuballen und schleuderte mich in die Höhe. Oben aber, auf dem Balken über der Hoftür, stand einer mit einer Federkrone, der schrie immerzu: „Herauf mit ihm, ich mach' ihm den Garaus!"
Der Fuchs lachte sich heimlich ins Fäustchen und sagte dann ernst: „Gevatter, das soll Euch eine Lehre sein. Spottet nie über die Furcht anderer, denn jetzt habe ich gesehen, daß auch Ihr den Hasenfuß vortrefflich spielen könnt!" Das hat sich der Wolf sehr zu Herzen genommen; und hungrig ist er auch geblieben.

## Von der Weintraube, dem Apfel und dem Pfirsich

Einmal war's und keinmal war's – über sieben Berge und sieben Täler gab es ein Königreich, in dem lebte ein König mit seinen drei Töchtern. Als der König zu einer Reise rüstete, nahm er Abschied von ihnen und fragte die Älteste: „Was soll ich dir von der Reise mitbringen, mein Täubchen?"
„Am liebsten wäre mir ein goldenes Kleid, lieber Vater."
Und er fragte die zweite Tochter: „Was soll ich dir mitbringen, mein Zuckermäuschen?"
„Ein Kleid von Silber, liebster Vater."
Und dann fragte er die Jüngste: „Und was wünscht du dir, mein Rehlein?"
„Oh, ich hätte gerne eine redende Weintraube, einen lachenden Apfel und einen klingenden Pfirsich."
„Gut, meine Töchter, wir werden sehen!" sagte der König und verließ sie.
Unterwegs kaufte er die Kleider für seine beiden älteren Töchter ein. Er bemühte sich, auch den Wunsch seiner Jüngsten zu erfüllen, aber eine redende Weintraube, einen lachenden Apfel und einen klingenden Pfirsich fand er nirgends. Das betrübte ihn, denn gerade diese Tochter war ihm besonders ans Herz gewachsen.
Als der König einige Wochen später auf dem Heimweg war, blieb seine Kutsche im Schlamm stecken. So viele Pferde man auch vorspannte, sie konnten die königliche Kutsche nicht aus dem Sumpf ziehen.
Plötzlich brach ein schwarzer, borstiger Eber aus dem Dickicht hervor und sprach mit menschlicher Stimme: „König, versprich mir deine jüngste Tochter, dann helfe ich dir weiter!"
Was sollte der König tun? Er wollte ja nicht sein Lebtag in dem Sumpf steckenbleiben! Also gab er das Versprechen. Der Eber rannte mit seinem Rüssel so gewaltig an die Kutsche an, daß diese aus dem Schlamm herausfuhr und ihren Weg fortsetzen konnte.
Voll Sorgen kam der König auf sein Schloß zurück. Er gab die goldenen und silbernen Kleider seinen beiden älteren Töchtern und grämte sich sehr, daß er der Jüngsten gar nichts mitgebracht hatte. Ja, er hatte sie noch dazu diesem greulichen Wildschwein zur Gattin versprochen.
Tatsächlich erschien ein paar Tage später der schwarze Eber mit einem schmutzigen Karren vor dem Schloß und rief laut: „König, hier bin ich! Nun sollst du dein Versprechen einlösen und mir deine jüngste Tochter zur Frau geben!"
Wie erschraken da alle! Der König wollte seine Tochter vor diesem Schicksal bewahren. Er ließ daher eine Stallmagd in prächtige Gewänder kleiden und schickte sie dem Eber. Doch dieser merkte den Betrug und schrie: „König! Das ist nicht die Rechte, das ist nicht deine Tochter!" und stieß mit dem Rüssel die falsche Braut vom Karren.
„Zieh alte, schmutzige Lumpen an", befahl der unglückliche Vater seiner Tochter. Er hoffte, daß sie dann dem widerlichen Freier nicht gefallen werde. Doch auch diese List nützte nichts. Der Eber schnüffelte um die Königstochter herum, nickte zufrieden und hieß sie auf den Karren steigen. Mit Tränen in den Augen sah der König sein liebstes Kind davonfahren.

Der Karren, den der Eber zog, hielt erst nach langer, holpriger Fahrt vor einer kleinen, schäbigen Hütte.
„Steig vom Karren, Königstochter, steig herunter!“ schnaufte der Eber. Das Mädchen gehorchte.
„Geh hinein in dein zukünftiges Heim, geh nur hinein!“ Weinend gehorchte die Ärmste.
Der Eber lief geschäftig in der Hütte hin und her. Er füllte einen Trog mit Mais zum Essen, er scharrte Stroh in eine Ecke und bereitete der Königstochter damit ein Lager. Verzweifelt sank sie darauf nieder und schlief, weil sie todmüde war, sogleich ein. Sie erwachte erst, als die Sonne schon hoch am Himmel stand. Wie staunte da die Königstochter! Sie war in einem prächtigen Palast statt in einer Schweinehütte. Sie lag in einem weißen Seidenbett und hatte einen Baldachin aus Purpur über sich. Und nun eilten Kammerzofen herbei, halfen ihr beim Aufstehen und hielten kostbare Gewänder für sie bereit. Dann wurde sie in einen hellen Saal geführt. Ein schöner, junger Mann eilte herbei und empfing sie auf das herzlichste.
Er sprach zu ihr: „Ich bin dein Gatte, wenn du mich willst. Alles, was du siehst, soll dir gehören!“
Nach dem Frühstück führte er die Königstochter in einen herrlichen Park. Hinter dem Park war ein Obstgarten, in dem wuchsen an einem Stock wunderschöne, große Weintrauben.
Als sie an dem Weinstock vorbeigingen, riefen die Trauben: „Schöne, junge Königin, wir sind reif, pflücke uns doch!“ Vom Apfelbaum herunter lachten rotbackige Äpfel, und vom Pfirsichbaum, der voller Früchte war, erklang ein silbernes Läuten.
„Das habe ich mir ja alles gewünscht!“ rief die junge Königin aus.
Ihr Gatte nickte und sagte: „Nun sollst du sie haben: die Weintrauben, die reden, die Äpfel, die lachen und die Pfirsiche, die klingen. Und dann will ich dir noch erklären: Ich bin ein Fürst, der von einer bösen Zauberin in einen häßlichen Eber verwandelt wurde. Nur ein Mädchen, das sich eine redende Weintraube, einen lachenden Apfel und einen klingenden Pfirsich wünscht, konnte mich erlösen. Dieses Mädchen habe ich in dir gefunden. Willst du meine liebe Gemahlin sein und alles mit mir teilen?“
„Ja, das will ich von Herzen gern“, rief die Königstochter. „Laß uns gleich zu meinem Vater und den Schwestern fahren, damit auch sie sich an meinem Glück freuen können!“
Da ließ der junge Fürst anspannen. Sie fuhren in einer gläsernen Kutsche mit acht weißen Pferden bespannt zum Schloß des Vaters. Dort wurde ein Hochzeitsfest gefeiert, so prächtig, daß die Musik und die Jubelrufe über alle sieben Berge und Täler gehört wurden. Wer's nicht glaubt, der zahlt einen Gulden!

# Das Märchen von den goldenen Schuhen

Es war einmal ein alter Spielmann. Der reiste das ganze Jahr im Land umher, geigte und sang dazu und verdiente sich so recht mühselig seine Kreuzer.
Einmal kam er auch an einer Kapelle vorbei, in der eine Statue der Muttergottes stand. Da dachte er sich: Kann ich alle Tage für die Leut' aufspielen, so will ich heut' einmal der Muttergottes zu Ehren mein Lied spielen! Er geht hinein, streicht die Saiten und singt mit Eifer und Andacht ein frommes Lied. Auf einmal fällt vom Altar ein goldener Schuh herab, gerade vor seine Füße. Der Alte bückt sich, hebt den Schuh auf und denkt: Den kann ich mir wohl mitnehmen. Ist die Gabe auch klein, ich will zufrieden sein! Daß der Schuh ganz aus Gold war, hat er nicht erkannt.
Er ging weiter und kam zu einem Bauernhof. Dort fragte er, ob man ihm den Schuh nicht gegen etwas Essen tauschen könnte. Aber der Bauer wollte nicht. Er hat sich wohl gedacht: Der Schuh ist am Ende gestohlen, und da wär's nicht recht, wenn ich ihn kaufen tät. Aber daß es ein feines Material war, aus dem der Schuh gemacht war, das hat er schon erkannt. Er hat daher dem Spielmann geraten, er möge in der Stadt zum Schuster gehen. Vielleicht hätte der Verwendung dafür.
Der Spielmann wanderte in die Stadt, spielte und sang und legte dann den goldenen Schuh dem Schustermeister vor. Dem kam die Sache auch bedenklich vor, und er sagte: „Den Schuh kann ich nicht verarbeiten, denn er ist nicht aus Leder. Aber geht doch zum Goldschmied damit, der kauft ihn Euch vielleicht ab."
Gut, der Alte ging zum Goldschmied, sang auch dort ein Lied und bot dem Goldschmied den Schuh an. Der hatte sofort erkannt, daß das echtes Gold war, was er in den Händen hielt, und meinte, er wolle ihn kaufen, aber der Alte solle noch ein wenig warten. Dann schickte der Goldschmied um den Landwächter, der auch bald zur Stelle war. Streng fragte er den Spielmann: „Wo hast du den Schuh gestohlen? Heraus mit der Sprache!"
„Unser lieber Herrgott im Himmel und die Gottesmutter wissen, daß ich ihn nicht gestohlen hab'", gab der zur Antwort. Dann erzählte er, wie der Schuh in der Kapelle plötzlich zu seinen Füßen gefallen ist.
„Das Lügenmärchen soll dir glauben, wer will, ich nicht!" sagte der Landwächter und nahm den Alten einfach mit.
Als dieser nun merkte, daß er ins Gefängnis kommen sollte, jammerte und klagte er und bat den gestrengen Herrn, er möge ihn doch wenigstens noch einmal in die Kapelle gehen lassen, um der Himmelsmutter sein Lied vorzuspielen.
Der Landwächter hatte Mitleid mit ihm und führte ihn hinaus zur Kapelle. Er glaubte nicht daran, daß sich die Unschuld des Spielmanns dadurch herausstellen sollte.
Der alte Spielmann aber geigte und sang recht innig und spielte auf seiner Fiedel die schönsten Lieder; er ließ sich nicht irre machen. Als schließlich der Landwächter, der schon ungeduldig geworden war, zum Aufbruch mahnte, sprang plötzlich vor seinen Augen der zweite goldene Schuh vom Altar und

dem Alten gerade vor die Füße. Nun war das Paar beisammen.
Jetzt erkannte der Landjäger, daß alles seine Richtigkeit hatte und daß dem armen Kerl sein frommes Lied zu Ehren der Muttergottes geholfen hatte. So ließ er ihn ungeschoren seines Weges ziehen.
Der alte Spielmann nahm seine zwei kleinen goldenen Schuhe und ging damit zurück zum Goldschmied. Der kaufte sie ihm nun ab. So hatte der Spielmann mit einem Mal soviel Geld, daß er sein mühsames Musikanten-Wanderleben aufgeben und sich in seinem Häuschen zur Ruhe setzen konnte. Das mag ihm wohlgetan haben auf seine alten Tage.

# Von den zwölf verwunschenen Prinzessinnen

Der Bauer Matej hatte zwölf Söhne. Sie hatten als Soldaten dem König gedient. Als sie entlassen wurden, wanderten sie mit ihrem Lohn heimwärts. Vitek, der Jüngste, war der Klügste von ihnen. Er übernahm die Führung, aber er verlangte, daß ihm die Brüder in allem und jedem folgen sollten. Dies versprachen sie ihm.
Auf dem Heimweg kamen sie nach langen Irrungen zu einem stattlichen Schloß mit Gräben, Türmen und dicken Mauern. Über Zugbrücken konnte man drei Tore erreichen. Doch die Brücken waren hochgezogen und die Wälle sehr hoch. Die Brüder, die hungrig und durstig waren, schimpften mit dem Jüngsten: „Was nützt es uns, daß du uns hierher geführt hast. Wir kommen ja doch nicht in das Schloß hinein!“
„Murrt nicht, ich werde schon eine Lösung finden“, erwiderte Vitek. Er näherte sich der Zugbrücke, um zu sehen, ob sie nicht zu bewegen war. Plötzlich knarrte sie in den Angeln und ließ sich ganz von selbst herab. Die Brüder gingen darüber und standen vor dem zweiten Graben. Auf wunderbare Weise ließ sich auch die zweite Zugbrücke herab, so daß sie passieren konnten. Ebenso erging es ihnen mit der dritten Brücke.
Bald befanden sich die Brüder im Innern des Schlosses. Hier glänzte alles von Gold und Silber, aber nirgends war eine Menschenseele zu finden. Sie schritten über breite Marmortreppen und gelangten durch viele Gemächer in einen Saal, wo zu ihrer Überraschung auf einer langen Tafel zwölf Gedecke lagen. Schüsseln voll mit köstlichen Speisen standen bereit und Krüge mit Getränken. Da niemand zu hören und zu sehen war, setzten sich die Brüder an die Tafel und griffen tüchtig zu.
„Vielleicht hat man uns erwartet“, lachte einer der Brüder. Vitek aber meinte: „Wir müssen herausfinden, wem dieses Schloß gehört!“ Sie untersuchten nochmals alle Gemächer vom Keller bis zum Dachboden, doch umsonst. Schließlich sagte Vitek: „Vielleicht ist der Herr nicht zu Hause? Wir werden daher Wache halten. Wenn es euch recht ist, will ich die erste Wache übernehmen.“
Die Brüder waren damit zufrieden und legten sich in einem Schlafraum, in dem zwölf Betten standen, zur Ruhe.
Vitek stellte sich mit seinem Schwert hinter das Haupttor und hielt die Augen offen. Zunächst blieb alles still. Doch als es zwölf Uhr schlug, rasselten die Zugbrücken herunter, Räder quietschten, Lichtschein zuckte hin und her, das Tor öffnete sich, und zwölf junge Prinzessinnen stiegen über die Marmortreppen hinauf in den Speisesaal. Vitek stand wie benommen im Schatten des Tores, denn nicht nur die zwölf Prinzessinnen verwirrten ihn, sondern auch die Tatsache, daß sie, obwohl schön und fein, von oben bis unten schwarz wie Kohle waren. Er ging ihnen nach und wollte sich bemerkbar machen, doch die Mädchen kümmerten sich überhaupt nicht um ihn. Sie taten, als könnten sie ihn weder hören noch sehen. Unter völligem Stillschweigen aßen und tranken sie an der Tafel. Als es ein Uhr schlug, standen sie auf, liefen hinunter zu ihren Kutschen und fuhren davon. Die Zugbrücken rasselten wieder in die

Höhe; alles war ruhig wie zuvor. Nachdenklich stand Vitek wieder auf seinem Wachposten. Er wußte nicht, wie er das nächtliche Geschehen deuten sollte.
Am nächsten Abend erklärte er den Brüdern, er wolle wieder allein Wache halten. Nun vertraute er sich den Brüdern an. Er befahl ihnen, in der nächsten Nacht wach zu bleiben und die Augen offen zu halten. Die Brüder willigten gern ein, denn sie waren neugierig auf die zwölf schwarzen Prinzessinnen.
Auch in der dritten Nacht fuhren die Kutschen vor, und die zwölf Prinzessinnen stiegen hinauf in den Speisesaal. Die Brüder standen nebeneinander und verneigten sich tief, doch die schwarzen Damen beachteten sie nicht, sondern setzten sich zu Tisch. Diesmal aber war für zweimal zwölf Personen gedeckt. Die Prinzessinnen setzten sich immer so, daß zwischen ihnen ein Platz frei blieb. Gleich sprang Vitek hinzu und setzte sich neben die Jüngste. Die Brüder folgten seinem Beispiel. Bald saß jeder neben seiner Auserwählten.
Der kluge Vitek sah nun aus der Nähe, wie traurig seine Prinzessin war, ja, daß in ihren Augen Tränen schimmerten. Da wurde auch er traurig und konnte die Tränen nicht zurückhalten.
„Warum weinst du?“ fragte die schwarze Prinzessin.
„Ich weine über dich und deine Schwestern“, antwortete Vitek.
Die Prinzessin seufzte: „Eine böse Zauberin hat uns verhext.“
„Gibt es denn keine Erlösung aus diesem Zauber?“ fragte Vitek.
Die Prinzessin nickte: „Es müßten sich nur zwölf junge Männer finden, die mit uns auf dem Schloß drei Nächte verbrächten, ohne uns zu berühren.“
„Das können wir doch tun!“ rief Vitek. „Wir sind zwölf Brüder, und wir werden euch erlösen!“
„Kannst du aber für dich und deine Brüder einstehen?“ fragte die Prinzessin ernst.
„Für mich jederzeit“, antwortete Vitek, „und für meine Brüder auch, denn sie haben versprochen, mir in allem zu gehorchen.“
Die Prinzessin seufzte: „Wir wären erlöst, und ihr könntet Herren dieses Schlosses und des ganzen Königreichs werden.“
Vitek berichtete alles seinen Brüdern, die gerne dazu bereit waren.
Als es ein Uhr schlug, gingen sie mit den Prinzessinnen in das Schlafgemach und legten sich nieder, jeder an der Seite seiner Prinzessin.
Zeitig am Morgen standen die Prinzessinnen auf. Als die Brüder erwachten, dankten ihnen die Mädchen mit bewegten Worten. Dann baten sie inständigst, daß die Brüder sich auch in der nächsten Nacht genauso verhalten sollten. Diese versprachen alles, denn sie freuten sich, daß die Prinzessinnen bereits bis zum Gürtel hinauf weiß geworden waren.
Nach der zweiten Nacht waren die Prinzessinnen schon bis zum Hals weiß geworden. Jedem Bruder gefiel seine Prinzessin besonders gut. Fröhlich setzten sie sich am Abend zur Tafel. Sie tranken immer wieder auf das Wohl der Schönen an ihrer Seite. Die Mädchen aber wurden immer trauriger. Auch Vitek trank nichts, denn er ahnte Böses.
Als die Uhr eins schlug, gingen alle in das Schlafgemach und legten sich nieder. Es dauerte aber nicht lange, da hörte man die Kutschen vorfahren; es waren nur elf. Die Prinzessinnen liefen aus dem Schlafgemach; nur die Jüngste

blieb zurück. Die elf Prinzessinnen waren wieder so schwarz wie zuvor. Sie bestiegen die Kutschen und fuhren unter lautem Peitschenknallen davon. Vitek erwachte von dem Lärm und erschrak, als er seine Prinzessin weinend auf dem Bett sitzen sah. „Was ist geschehen?“ rief er.
Die Prinzessin schluchzte, und sie wies auf die anderen Lager, die von den Prinzessinnen verlassen worden waren. Auf jedem Bett lag ein großer Stein. Die elf Brüder waren zu Stein geworden, da sie ihr Versprechen gebrochen hatten. Vitek war entsetzt und fragte nach den elf Prinzessinnen. Er erfuhr, daß sie wieder schwarz geworden waren. „Aber du, Prinzessin, bist wieder weiß, ganz weiß“, sagte Vitek. „Bist du jetzt erlöst?“
„Noch nicht“, erwiderte die Schöne. Da flog auch schon die Türe auf, und ein gräßlicher alter Zauberer stürzte ins Zimmer. Er packte sie und flog mit ihr davon.
Verzweiflung überfiel Vitek. Was hatten seine unglückseligen Brüder getan! Wie konnte er ihnen Hilfe bringen? Vitek überlegte und entschloß sich, dem Zauberer und der entführten Prinzessin zu folgen.
Tag und Nacht wanderte er, bis er endlich an das Ufer des Schwarzen Meeres gelangte. Entmutigt und erschöpft sank er zu Boden. Bald aber schöpfte er wieder Mut und wanderte am Strand entlang. Hier gab es keine lebende Seele, alles war einsam und verlassen. Dafür stieß Vitek auf ein totes Pferd. Ein Adler, ein Fuchs und eine Wildkatze stritten sich darum. Als Vitek näher kam, schrie ihm der Adler entgegen: „Teile uns diesen Kadaver gerecht auf, sonst soll es dir schlecht ergehen, denn wir zerreißen auch dich!“ „Ja ja, so ist es“, summte eine Mücke, die um das tote Pferd schwirrte. Vitek erklärte sich bereit. Nach einigem Überlegen teilte er dem Adler den Rücken zu, dem Fuchs den Vorderteil, der Wildkatze die Innereien und der Mücke die Knochen, aus denen sie das Mark saugen konnte.
„Gerecht aufgeteilt“, war der Adler zufrieden und sagte: „Ich gebe dir dafür drei Flaumfedern von mir. Wenn du eine unter die Zunge legst und dir dabei wünschst, ein Adler zu werden, wird es sogleich geschehen.“
„Gut geteilt“, lobte auch der Fuchs. „Nimm zum Dank diese drei Haare aus meinem Fell. Wenn du eines davon unter die Zunge legst und dir dabei wünschst, ein Fuchs zu sein, wird es augenblicklich geschehen. Lebe wohl!“
„Gerecht und klug geteilt“, lobte auch die Wildkatze. „Nimm diese drei Haare von mir. Legst du eines davon unter die Zunge und wünschst dir, eine Wildkatze zu werden, wird es sofort geschehen.“
„Und was soll ich dir geben?“ fragte die Mücke. „Federn habe ich keine, Haare auch nicht; gebe ich dir meinen Kopf, so kann ich nicht leben. Gebe ich dir ein Auge, so kann ich nicht sehen. Ich habe aber viele Beinchen; drei davon sollst du mir ausreißen. Wenn du eines unter deine Zunge legst, kannst du dich sogleich in eine Mücke verwandeln.“
Vitek riß also der Mücke drei Beinchen aus und verwahrte sie sorgsam bei den anderen Gaben. Nun wollte er so schnell wie möglich das Schwarze Meer überqueren und verwandelte sich daher in einen Adler. Seine Kleider waren zu Federn geworden, seine Beine zu Fängen und seine Arme zu Schwingen. Sie trugen ihn über das Meer. Am anderen Ufer sah er ein gewaltiges Schloß, dessen Steinmauern bis in die Wolken ragten.

Vitek überflog die grauen Mauern und ließ sich ins Innere des Schlosses herab. Alles war verlassen und öde. Nur ein Turm ragte in der Mitte auf, der hatte kein Fenster, aber eine Eisentür, doch die war fest verschlossen.
Vitek verwandelte sich in seine menschliche Gestalt zurück, legte sich ein Mückenbeinchen unter die Zunge, und siehe da – augenblicklich wurde er eine winzige Mücke. So konnte er durch das Schlüsselloch der eisernen Tür kriechen. Im Turm gab es nur ein einziges hohes Gemach. In diesem saß auf einem Holzschemel seine wunderschöne weiße Prinzessin. Sie sah sehr traurig aus.
Nachdem sich Vitek versichert hatte, daß nur sie beide in diesem Raum waren, verwandelte er sich wieder in seine Menschengestalt und fiel vor der Überraschten auf die Knie. Er küßte ihre Hände und schwor, sie zu befreien; komme was wolle.
Die weiße Prinzessin konnte ihr Glück kaum fassen. Sie umarmten und küßten einander. Nach einer Weile besann sie sich und rief ängstlich: „Du mußt fliehen, mein Liebster! Der böse Zauberer kann jeden Augenblick zurückkommen."
Vitek verwandelte sich vor ihren Augen wieder in die Mücke und versteckte sich in einer Spalte des Fußbodens.
Bald darauf kam der Zauberer auf seinen Fledermausflügeln angeflogen und rief sofort: „Wen versteckst du hier? Ich spüre, ich fühle eine Menschenseele!"
„Du siehst doch, daß niemand da ist", entgegnete ruhig die Prinzessin.
Der Zauberer verlangte zu essen. Die Prinzessin brachte ihm eine Schüssel mit eisernen Kugeln. Gierig machte er sich darüber her. Er biß in die Kugeln und aß sie, als ob sie aus Teig wären. Danach fiel er auf sein Lager und schlief gleich ein. Auch die Prinzessin legte sich nieder, sie fand aber keinen Schlaf; ebenso erging es Vitek in seinem Versteck.
Zeitig am Morgen stand der Zauberer auf, verschlang abermals eine Schüssel voll eiserner Kugeln und flog aus dem Schloß.
Kaum war er fort, kroch die Mücke aus ihrem Versteck und verwandelte sich wieder in menschliche Gestalt. Vitek nahm die Prinzessin in seine Arme und tröstete sie: „Ich werde den Zauberer besiegen. Wie kann ich ihn verwunden?"
Die Prinzessin wußte es nicht, aber sie wollte mit Schmeicheleien dem Zauberer das Geheimnis entlocken.
Vitek kroch also wieder als Mücke in die Spalte, und die Prinzessin wartete auf den Zauberer. Als er kam, schrie er wieder: „Du hast doch jemanden da, ich spüre es!"
Die Prinzessin aber lachte und tat ihm schön: „Bist du auf einmal ängstlich geworden, du, der größte und mächtigste Zauberer der Welt? Ich weiß ja, du bist unverwundbar."
„Nein, es gibt eine einzige Möglichkeit, durch die ich sterben könnte", erwiderte der Zauberer, „nämlich durch eine bestimmte Kugel. Wer diese Kugel finden will, muß um Mitternacht im Wald sein. Dort wird er eine weiße Krähe sehen. Tötet er sie, verwandelt sie sich in ein schwarzes Huhn. Wird das Huhn gefangen, verwandelt es sich in eine Maus. Diese muß getötet werden, denn aus ihr fällt die Zauberkugel."
Vitek hatte alles mit angehört. Er kroch durch das Schlüsselloch ins Freie und verwandelte sich dort wieder in einen

Adler. Um Mitternacht flog er in den Wald. Er handelte so, wie er es vom Zauberer gehört hatte – die Zauberkugel war sein. Als Adler flog Vitek zurück ins Schloß, kroch als Mücke in den Turm und verwandelte sich wieder in seine Menschengestalt. Rasch gab er die Kugel in die Flinte und wartete auf den Zauberer. Kaum war dieser eingetreten, schoß ihm Vitek die Kugel ins Herz.
In diesem Augenblick sanken mit einem gewaltigen Donnerschlag die hohen Mauern des Schlosses in sich zusammen. Vitek und die Prinzessin waren frei. Hand in Hand liefen sie zum Ufer des Meeres. Dort nahmen beide eine Feder des Adlers unter die Zunge und verwandelten sich so in Vögel, die mit ihren starken Schwingen das Wasser überflogen. In der Ferne erblickte die Prinzessin ihr elterliches Schloß. Vor dem Schloß verwandelten sie sich wieder in ihre Menschengestalt und fielen sich in die Arme. Elf schneeweiße Prinzessinnen eilten ihnen entgegen. Sie begrüßten Vitek als ihren Erretter. Die Älteste sagte: „Du bist von jetzt ab König und unsere jüngste Schwester ist deine Königin!"
„Aber wo sind meine Brüder?" wollte Vitek wissen.
Da verstummten die Prinzessinnen und führten ihn hinauf in das Schlafgemach, wo die versteinerten Brüder auf einem kostbaren, mit Blumen geschmückten Lager ruhten. Vitek stiegen die Tränen in die Augen. „Gibt es denn keine Rettung für sie?" Traurig schüttelten die Prinzessinnen die Köpfe.
Vitek wurde ein guter König. Alle liebten ihn wegen seiner Klugheit und Gerechtigkeit. Nach einem Jahr wurde dem Königspaar ein Thronerbe geboren. Das Glück schien vollkommen. Doch eines Nachts verwandelte sich die Freude über den kleinen Sohn in Angst. Der Königin träumte, daß die steinernen Brüder ihres Mannes an ihr Lager getreten wären und sie flehend gebeten hätten, sie mit dem Blut ihres Kindes zu besprengen, damit sie erlöst würden. Mit einem Schrei fuhr die junge Königin aus den Kissen. Nachdem sie ihrem Gemahl von dem Traum erzählt hatte, nickte er ernst und sagte: „Genau dasselbe habe ich auch geträumt. Was sollen wir tun?"
Die Königin sank verzweifelt auf ihr Lager zurück. Vitek aber kämpfte mit sich: die Liebe zu seinen elf unglücklichen Brüdern siegte. Als er vor der Wiege stand, brachte er es aber nicht übers Herz, die Tat auszuführen. Er ritzte mit seinem Schwert nur den Arm des Kindes, und mit den Blutstropfen der Wunde berührte er die elf Steine. Sogleich wurden sie wieder zu Menschen. Die Brüder erhoben sich vom Lager, fielen einander um den Hals und wußten sich kaum zu fassen vor Freude.
Das Schönste für Vitek und seine Königin aber war, daß ihnen der kleine Prinz gesund und fröhlich entgegenlachte; keine Wunde war an ihm zu sehen. Erst jetzt war das Glück des Königspaars vollkommen.
Die elf Brüder heirateten die elf weißen Prinzessinnen. Es war eine Hochzeit, wie es noch keine prächtigere gegeben hatte.
Vitek wollte das Königreich unter seinen Brüdern aufteilen, doch das duldeten sie nicht. „Du sollst allein König bleiben, denn du bist der Klügste von uns allen", sagten sie. Sie versprachen nochmals, ihm in allem und jedem zu gehorchen, und es hat sie bis an ihr Lebensende nicht gereut.

# Die Tiere auf dem Medwischer Margrethi-Markt

Ein Bär, ein Wolf, ein Fuchs und ein Hase saßen einmal ganz fröhlich beisammen. Da sagte der Fuchs: „Freunde, wir wollen auf den Medwischer Margrethi gehen, dort soll es immer sehr lustig zugehen!"
„Hmmm, meinetwegen", brummte der Bär, „ich bin nicht mehr der Jüngste, und meine Kräfte lassen nach, aber wenn der Wolf mitgehen will, dann kann er uns beschützen. Und das wird wohl nötig sein, denn die Menschen sind falsch und gegen uns eingenommen."
„Freilich, ich fürchte mich nicht", rief der Wolf und fletschte seine Zähne, „ich passe schon auf, ihr sollt keinen Schaden und auch keine Schande davontragen!"
„Ich will auch mit, ich will auch mit!" quietschte der Hase und sprang in die Höhe.
„Halt dein Maul, Kleiner", verwies ihn der Fuchs, „du bist noch jung und dumm, würdest nur überall hingaffen und die Augen kullern und uns Scherereien machen!"
Da war der Hase traurig und schmiegte sich an den Wolf, als ob er sagen wollte: Laß mich doch auch mitgehen!
Das gefiel dem Wolf, und er meinte: „Ach was, das kleine Löffelohr soll mit uns kommen!"
„Fein, fein!" rief der Hase und sprang und tanzte um den Wolf herum.
Der Bär hatte nun andere Bedenken. „Wofür sollen wir uns denn ausgeben?" fragte er. „Wir müssen doch irgend etwas vorstellen, wenn wir auf den Margrethi gehen!"
„Das ist doch ganz leicht", meinte der Wolf, „wir gehen als singende Schüler. Du, Bär, singst den Baß, der Fuchs den Alt, der Hase mit der hohen Stimme singt Diskant, und ich will der Kantor sein und die Melodie angeben und leiten."
Sie besprachen das noch lang und breit. Dann putzte jeder seinen Pelz sauber – auf dem Margrethi-Markt muß man ja sauber und ordentlich erscheinen – und machten sich auf den Weg.
Weil es noch heller Tag war, getrauten sie sich nicht in die Stadt hinein. Sie warteten, bis die Dämmerung hereinbrach. Dann gingen sie auf den Zehen ganz leise durch die Straßen der Vorstadt; hintereinander gingen sie, so wie die Hunde nach Blasendorf zu gehen pflegen. Der Wolf ging zuerst, dann folgte der Fuchs, nach ihm der Bär und ganz zuletzt der kleine Hase.
In der Vorstadt stand ein großes Wirtshaus. Der Wirt hatte gerade ein Schwein geschlachtet. Von weitem roch man schon den Duft des Bratens und der frischen Würste.
„Da gehen wir hinein", sagte der Wolf. „Wir wollen es uns recht gut gehen lassen. Die Leute kennen uns ja nicht!"
Der Fuchs hatte Einwände und wollte sich erst vorsichtig umsehen. „Nicht so hitzig, Gevatter, es könnte gefährlich sein für uns!" warnte er. Aber der hungrige Wolf roch nur die Wurst. Er hörte nicht auf den Fuchs, sondern drückte gleich die Tür zur Wirtsstube auf. Der Wirt kam ihnen entgegen. „Nur herein, willkommen die Herren!" rief er.
„He, Wurst und Braten und Wein her!" schrie der Wolf. „Aber bring uns auch genug, Herr Wirt, wir haben Hunger!"
Der Wirt schaffte alles in Eile herbei. Die vier setzten sich und schmausten

und tranken, alles war gleich in Blitzesschnelle verzehrt. Der Wirt kam gar nicht nach mit dem Herbeischaffen. Endlich hatten sie genug. Aber nun ging es ans Zahlen. O Himmel, daran hatten sie ja gar nicht gedacht! Einer glotzte den anderen an; schließlich brachte der Wolf das Maul auf und sagte: „Guter Mann, habt nur ein wenig Geduld! Wir sind fahrende Sänger und wollen uns morgen durchs Singen etwas verdienen, dann können wir auch zahlen!"

„Gut gut", nickte der Wirt, „so laßt mir einstweilen eure Pelzmäntel als Pfand." Er hatte ja gleich beim Eintreten der seltsamen Gäste gemerkt, was mit ihnen los war und hatte gleich nach dem Kürschner geschickt. Nun lachte er: „Mein Freund, der Kürschner, wird euch beim Ausziehen helfen, ihr Herren!"

Als die Tiere das Wort Kürschner hörten, sprangen sie voll Entsetzen auf und eilten zur Tür, die aber war jetzt verschlossen. Der Wirt und der Kürschner stürzten sich nun auf die vier und versuchten sie zu packen und festzubinden. Der Bär brummte in Todesangst, der Wolf heulte, der Fuchs bellte, nur der Hase war vor lauter Angst stumm. Aus war's mit seinem Diskant, und bis zum heutigen Tag hat er die Stimme nicht zurückerhalten.

Der Wolf und der Fuchs entkamen den Häschern immer wieder. Sie fingen zuerst den armen Hasen und nagelten ihn mit dem Schwanz an die Wand. Auch den Bären, der langsam und schwerfällig war, konnten sie überwältigen. Auch er wurde mit dem Schwanz an die Wand genagelt. Jetzt ging es dem Wolf und dem Fuchs an den Kragen! In seiner großen Not warf sich der Wolf mit letzter Kraft gegen den Fensterladen; der sprang auf, und der Wolf plumpste hinaus. Er verletzte sich zwar ein wenig, aber trotzdem konnte er auf einen Baum flüchten.

Auch der Fuchs sprang hinterdrein aus dem Fenster, doch da stand die Wirtin. Sie wollte gerade den Milchrahm zu Butter rühren. Als sie den Fuchs fliehen sah, schlug sie mit dem Rührlöffel nach ihm. Sie erwischte ihn aber nur noch an der Schwanzspitze. Seither ist diese bei allen Füchsen, bis auf den heutigen Tag, rahmig weiß.

Die Männer waren hinausgelaufen, um den Wolf noch einzufangen, doch der war schon längst über alle Berge.

Auch der Bär war durch das offene Fenster glücklich entwischt. Nur der zottige Schwanz blieb an der Wand hängen.

Der Hase bekam wieder Mut und tat es dem Bären nach. Er opferte sein Schwänzchen und sprang – eins, zwei – davon. Er war schnell wie der Wind und lief, ohne sich umzuschauen, bis tief in den Wald hinein. Der Bär trottete hinterdrein; beiden gelang die Flucht. Aber bis heute hat weder der Bär noch der Hase seinen Schwanz eingelöst. Du kannst ihn beim Medwischer Wirt oder beim Kürschner sehen. Natürlich nur bei unserem Medwischer Kürschner, wenn er noch lebt. Irgendein anderer Kürschner zeigt bloß einen Fuchsschwanz vor, und der Fuchs hat seinen Schwanz ja nicht verloren! Seit dieser Zeit, das kann ich beschwören, sind Bär, Wolf, Fuchs und Hase nie wieder auf dem Medwischer Margrethi-Markt gewesen – weder allein, noch zusammen. Die werden sich hüten!

# Die Zwergen-Öchslein

In einem Wald hinter den hohen Bergen stand eine Hütte, in der lebte eine arme Witwe mit ihrem Sohn. Sie hatte nichts und niemanden auf der Welt als eben nur diesen Jungen, der Gergö hieß. Er war brav und fleißig und arbeitete, obwohl er noch sehr jung war, jeden Tag im Wald. Er fällte Bäume, schnitt das Holz und führte es in die Stadt. Damit verdiente er gerade soviel, daß sie etwas zum Leben hatten, seine Mutter und er.
Eines Morgens ging er zur Arbeit in ein entferntes Waldgebiet. Er hatte nur ein trockenes Stück Brot als Wegzehrung für den ganzen Tag in der Tasche. Doch das machte ihm nichts aus; er war fröhlich und pfiff ein lustiges Lied vor sich hin.
Als der junge Gergö nun gegen Mittag einen ordentlichen Hunger verspürte, setzte er sich auf einen Baumstamm, holte sein Brot aus der Tasche und wollte ein Stück davon abschneiden. Da stand auf einmal ein grauhaariger alter Mann vor ihm und sagte: „Ach Söhnchen, gib mir nur einen Bissen Brot, ich bitte dich! Ich bin so hungrig und habe schon seit drei Tagen nichts gegessen."
„Aber ja, Väterchen, ich gebe dir gern von meinem Brot. Schau, wir wollen ehrlich teilen, denn auch ich bin sehr hungrig!" Der Junge schnitt das Brot in zwei Stücke und reichte dem Alten eines davon. Nun saßen sie nebeneinander und bissen ab und kauten und ließen sich das trockene Brot schmecken. Als sie gegessen hatten, sah der Alte unseren Gergö aufmerksam an, nickte dann und sagte: „Du hast ein gutes Herz, mein Söhnchen. Deinen letzten Bissen hast du mit mir geteilt! Nun sollst du aber auch etwas von mir bekommen zum Dank für deine Mildtätigkeit." Und er griff in seinen Bettelsack und holte einen winzigkleinen Bauernwagen hervor. Er war nicht größer als ein Spielzeug, aber er hatte vier richtige Räder, die sich drehen konnten, und eine richtige Deichsel; alles war ordentlich mit Eisen beschlagen. Dann kramte der Alte nochmals in seinem Sack und stellte zwei winzigkleine Öchslein neben den Wagen. Die Öchslein waren nicht größer als zwei Männerfäuste, aber sie waren lebendig und sahen aus wie richtige große Ochsen. Das eine Öchslein hatte ein helles Fell, gelb wie die Sonne. Das andere war samtblau wie die Nacht, und auf seiner Stirn leuchtete ein kleiner silberner Mond.
Gergö stand und schaute. Er wagte nicht, die kleinen Öchslein und den Wagen zu berühren. Da sagte der Alte zu ihm: „Das alles gehört dir, mein Sohn. Halte die beiden Öchslein gut! Sie sind kein Spielzeug, sondern lebende kleine Tiere. Zwergen-Öchslein sind es, deshalb kannst du ihnen befehlen, was du willst, sie werden deine Befehle ausführen. Von jetzt an stehen sie dir zu Diensten. Doch eines rate ich dir: Trenne dich niemals von ihnen. Was man dir auch bieten mag, du darfst die Öchslein niemals hergeben. Hast du verstanden?"
Gergö nickte. „Ich verspreche es", sagte er. Ehe er dem Alten danken konnte, war dieser verschwunden. Der Junge sah sich um und rief erstaunt: „Ja, gibt es denn so etwas?"

Die beiden Öchslein nickten mit den Köpfen und muhten: „Muh, das gibt's, Herrchen, das gibt's! Wundere dich nicht zu lange, Herrchen, sondern laß uns arbeiten. Lade nur den Wagen ordentlich voll, damit wir dir zeigen können, was wir leisten."
„Aber ich kann doch auf diesen kleinen Wagen nicht große Zweige aufladen", entgegnete Gergö.
„Lade nur auf, du wirst schon sehen!" muhten die Öchslein.
Gergö legte nun einen Zweig nach dem anderen auf den Wagen. Zuerst waren es nur kleine, doch bald lud er immer größere auf, denn jedesmal muhten die Öchslein: „Lade nur auf, Herrchen, lade nur auf!" Schließlich lud Gergö ganze Baumstämme auf, und das ging so leicht wie noch nie. Es war, als glitten die schweren Stämme von selbst auf den Wagen. Der Junge kam aus dem Staunen gar nicht heraus. Endlich war alles aufgeladen, die Zwergen-Öchslein trabten los. Holterdiepolter ging es durch den Wald, so schnell, daß Vögel, Eichhörnchen, Hasen und Rehe staunten. Die Öchslein zogen den schweren Wagen, als wäre er federleicht. Im Nu waren sie aus dem Wald hinaus, und hui ging's durch das nächste Dorf.
Auf einmal kamen sie zu einem schwarzen steinernen Schloß. Vor dem Tor stand der Schloßherr. Er riß die Augen auf, als die winzigen Öchslein mit dem schwerbeladenen Wagen daherkamen. Er rief Gergö zu: „He Bursche! Wem gehört denn dieses seltsame Gespann?"
„Mir gehört alles!" lachte Gergö.
„He, verkaufe mir deine Öchslein!"
„Nein, die verkaufe ich nie und nimmer!"
„Verkaufe sie mir, ich zahle gut!"
„Nein, nein, nein, die gebe ich nicht her!"
Da wurde der Herr zornig. Er stellte sich mitten auf den Weg und schrie: „Wie, du Schlingel, du willst sie mir nicht verkaufen? Dann lasse ich dich nicht eher weiterfahren, bis du in meinem Krähenwald alle Bäume gerodet und die Stämme auf meinen Hof geschleppt hast!"
Der arme Gergö ließ den Kopf hängen. Wie würde sich die Mutter sorgen, wenn er heute nicht nach Hause käme? Da muhten die Zwergen-Öchslein dicht neben ihm: „Komm Herrchen, fahren wir in den Krähenwald!"
Sie fuhren in den Krähenwald. Gergö war ganz verzagt, als er die dicken alten Stämme erblickte. Er seufzte: „Ach, wie soll ich denn diesen Wald roden und in den Schloßhof führen?"
„Laß uns nur machen, du wirst schon sehen", schnaubten die Öchslein. Und das Helle sagte: „Schraube mein linkes Horn ab. Darin findest du einen langen Strick. Ein Ende mußt du an mein rechtes Horn knoten und das andere an das Horn meines Bruders. Alles übrige erledigen wir schon allein."
Gergö tat nun, wie es ihm das helle Öchslein gesagt hatte. Als der lange Strick festgeknotet war, sprang das Öchslein los und lief rund um den Krähenwald. Als es wieder neben seinem dunklen Bruder stand, schnaubten beide fröhlich und trabten los. Der Strick, der jetzt den ganzen Wald umfaßte, riß alle Bäume mitsamt den Wurzeln aus und schleifte sie mit. Die Öchslein zogen die Bäume bis vor das Schwarze Schloß. Weil aber das Tor zu eng war, schleuderten sie den ganzen Krähenwald über die Mauer. Als der Schloßherr entsetzt gelaufen kam, rief ihm Gergö entgegen: „Hier ist

der Krähenwald, Herr: Jetzt laßt uns weiterfahren!"
Doch der Schloßherr schüttelte den Kopf. Zornig rief er: „Erst sollst du mir noch den Krähenberg umpflügen. Und wenn das geschehen ist, mußt du dort Weizen säen, diesen gleich abmähen, dreschen und mahlen. Und das Mehl mußt du auf meinen Hof bringen. Aber das alles mußt du noch heute vollbringen, ehe die Sonne untergeht, sonst lasse ich dich nicht weiterfahren!"
Der arme Gergö! Jetzt war er wirklich ganz verzagt, und beinahe wären ihm die Tränen gekommen. Doch das dunkle Öchslein stieß ihn mit dem Horn an, schnaufte ihm zu, und gemeinsam gingen sie zum Krähenberg. Verzweifelt blickte der Junge auf den steilen, kahlen Berg. Er wußte wirklich nicht, wie er diese Aufgabe erfüllen sollte. Doch zu seiner größten Überraschung machten sich die Zwergen-Öchslein schon an die Arbeit. Sie liefen den Berg hinauf und hinunter – da war er auch schon gepflügt. Sie schnaubten ein paarmal kräftig – da wuchs schon der Weizen. Sie beutelten die Köpfe – da reiften die Ähren und wiegten sich im Wind. Gergö brauchte sie nur abzumähen und in Garben zu binden.
Währenddessen saß der Herr des Schwarzen Schlosses in seinem Weinkeller und trank schon im vorhinein auf seinen Sieg. Denn daß der Bursche aus dem Wald diese schweren Aufgaben bewältigen würde, das schien ihm unmöglich. Er freute sich, daß die beiden wunderbaren Zwergen-Öchslein ihm gehören würden. Darauf trank er ein Glas um das andere.
Hinter dem Krähenberg ging schon die Sonne unter, auf der anderen Seite stieg der Mond herauf. Gergö und die Öchslein hatten aber erst die Hälfte der Arbeit geschafft. Wie sollte das enden? Der Junge ließ den Kopf hängen, da rannte das dunkle Öchslein plötzlich los und stieß mit seinen Hörnern den Mond herunter. Es stieß ihn ganz tief hinter den Krähenberg. Das helle Öchslein aber rannte nach der anderen Seite und stieß mit seinen Hörnern die Sonne wieder hoch hinauf, bis in die Mitte des Himmels. So wurde es wieder heller Tag. Jetzt konnten sie sich ans Dreschen machen. Die Zwergen-Öchslein stampften und droschen den Weizen. Sie bliesen auf die vollen Ähren, da wirbelten die Körner in Wolken in die Höhe. Und als sie wieder zu Boden fielen, da waren sie feinstes Mehl geworden. Gergö brauchte nur einen Sack nach dem anderen aufzuhalten; so wurden Hunderte von Säcken gefüllt. Sie sprangen dann ganz von selbst – eins, zwei drei – auf den Wagen und türmten sich zu einem hohen Berg. Schnurstracks ging's zum Schwarzen Schloß. Die Zwergen-Öchslein zogen den Wagen; Gergö lief daneben her und sang und pfiff und schwenkte seine Mütze. So froh war er.
Im Schloßhof kippten die Zwergen-Öchslein die Mehlsäcke vom Wagen. Es waren so viele, daß sie alles bedeckten bis hinauf über die Mauern des Schlosses. Der habgierige Schloßherr flüchtete auf die Spitze des Turmes und jammerte um Hilfe. Doch Gergö rief zu ihm hinauf: „Ich habe das Mehl gebracht, Herr, wie Ihr es befohlen habt! Soll ich Euch noch einen Wunsch erfüllen?"
„Zum Teufel! Zur Hölle!" schrie der Schloßherr wütend.
„Zum Teufel? Zur Hölle?" fragte Gergö. „Wenn's weiter nichts ist, diesen Wunsch kann ich Euch gern erfüllen."

Er knallte mit der Peitsche –, da saß der zornige Schloßherr schon bei ihm auf dem Wagen, und die Zwergen-Öchslein rasten davon. Sie ratterten über den Krähenberg, flogen mit dem Wagen über tiefe Schluchten und von einem Berggipfel zum anderen. Gergö saß vorne und schwang die Peitsche, die Öchslein schnauften, und der Schloßherr klammerte sich leichenblaß an den Wagen. Der Wagen hielt vor dem Höllentor. Es war pechschwarz, viele Fledermäuse umflatterten es. Ein dicker Eisenriegel verschloß das Tor.
„Hier sind wir, Herr, wie Ihr es gewünscht habt!“ sagte Gergö.
Da öffnete sich das schwere Tor ganz von selbst, aber der Herr des Schwarzen Schlosses klammerte sich an die Hörner der Zwergen-Öchslein und schrie, er wolle nie und nimmer durch dieses Tor gehen. Die Öchslein bliesen aber nur einmal kräftig durch ihre Nüstern, und schon flog er wie von einem Sturmwind gepackt in die Hölle. Das schwere Eisentor schlug zu. Gergö sprang hin und schob den Riegel vor. Wie es dem Herrn in der Hölle erging, das kann man sich ja denken, nicht wahr?
Gergö aber fuhr mit seinem Zwergengespann nach Hause zu seiner Mutter, die schon auf ihn wartete. Sie lebten zusammen glücklich und zufrieden, und wenn sie nicht gestorben sind, so leben sie noch heute.

# Das Märchen vom Salz

Ein König hatte drei Töchter, die er alle drei recht herzlich liebte, denn sie waren brav und schön. Er wußte nur nicht, welche von den dreien er zu seiner Nachfolgerin bestimmen sollte. So ließ er vor seinem Geburtstag die Töchter in den Thronsaal kommen und sprach zu ihnen: „Da ich euch alle drei liebe, mag das Schicksal entscheiden, welche meine Erbin werden soll. Jede von euch soll mir das zum Geburtstag schenken, was im menschlichen Leben höchst notwendig und unentbehrlich ist. Geht also und denkt darüber nach! Diejenige, die mir das notwendigste Geschenk bringt, soll nach mir Königin werden!"
An seinem Geburtstag brachten die zwei älteren Töchter sehr notwendige und zugleich kostbare Geschenke. Die jüngste aber brachte in einem silbernen Gefäß nur ein Häuflein Salz. Als der König das Geschenk sah, wurde er zornig und jagte seine jüngste Tochter mit Schimpf und Schande aus dem Schloß. „Komm mir nicht wieder vor die Augen, du undankbares Kind!" rief er ihr nach.
Die verstoßene Königstochter zog traurig und arm in die Welt hinaus. Doch weil sie ein kluges und verständiges Mädchen war, beschloß sie, ihr Leben mutig in die Hand zu nehmen und sich nach einer geeigneten Stellung umzusehen.
Nach geraumer Zeit kam die Prinzessin zu einem Wirtshaus. Die Wirtin war eine überaus gute Köchin. Die Königstochter ging bei ihr in die Lehre. Bald brachte sie es so weit, daß sie ihre Lehrmeisterin in der Kochkunst noch übertraf.
Weit und breit sprach man nun von der vortrefflichen Köchin. Jeder, der des Weges kam und noch ein paar Kreuzer in der Tasche hatte, kehrte in dem Wirtshaus ein, um sich ein gutes Essen schmecken zu lassen.
So drang der Ruf der berühmten Köchin auch bis zum Königsschloß. Der König holte das Mädchen als Köchin an seinen Hof. Es war gerade zur rechten Zeit, denn die älteste Königstochter sollte Hochzeit halten, und da mußte die berühmte Köchin für das Hochzeitsmahl sorgen.
Als das Festmahl begann, wurden die vornehmen Speisen in goldenen Schüsseln hereingetragen. Es war eine solche Fülle, daß sich die Tafel bog. Alles war ganz vortrefflich zubereitet; die Gäste überboten sich im Lob über die geschickte Köchin. Endlich wurde die Lieblingsspeise des alten Königs aufgetragen. Er nahm den Löffel und kostete erwartungsvoll. Doch gleich darauf ließ er ihn wieder sinken und rief zornig: „In dieser Speise fehlt das Salz! Sie ist ungenießbar!" Und er befahl, man solle die Köchin holen.
Unerschrocken trat das Mädchen in den Saal.
„Warum hast du meine Lieblingsspeise verdorben? Es fehlt das Salz!" fuhr der König die Köchin an.
Sie aber antwortete: „Ihr habt Eure jüngste Tochter verstoßen, weil sie das Salz für notwendig und unentbehrlich hielt. Erinnert Euch an ihr Geburtstagsgeschenk, Herr König!"
Als der König diese Worte hörte, erkannte er seine Tochter in dem Gewand der Köchin. Er eilte auf sie zu und schloß sie in seine Arme. Gerne

gab er zu, daß er im Unrecht gewesen, und bat sie um Verzeihung. Von jetzt ab mußte sie an seiner Seite sitzen und wurde gefeiert und geehrt.

Und der alte König lebte noch viele, viele Jahre glücklich und zufrieden im Kreise seiner Kinder und zahlreichen Enkel.

## Vom Bären, dem Adler und dem Fisch

Es war einmal ein reicher Fürst. Er war aber nicht nur reich, sondern auch fröhlich und gutmütig. Keinen in seiner Umgebung konnte er traurig sehen. Er wollte, daß alle immer mit ihm fröhlich waren. So bewirtete er auf seinem Schloß am liebsten lustige Leute, je lustiger desto besser. Und er ließ keinen abweisen; die Hauptsache war, daß er sich als rechter Witzbold und Spaßmacher erwies.
Für einige Zeit herrschte fröhliches Leben auf dem Schloß, doch allmählich ging dem Herrn Radoslav – so war sein Name – aus. Er fing an, Schulden zu machen. Von anderen Fürsten borgte er sich Geld aus, nur damit er seine Gäste nicht enttäuschen mußte. Jahr um Jahr hatte der fröhliche Fürst mehr Schulden, und so blieb ihm zuletzt nichts anderes übrig, als sein Schloß zu verkaufen. Um aber der Schande und dem Spott der anderen zu entgehen, zog sich Fürst Radoslav in eine einsame Gegend zurück. Mitten im Wald war ihm ein kleines Jagdhaus geblieben; dort lebte er nun recht und schlecht. Seinetwegen sorgte er sich nicht, doch daß seine Frau und seine drei jungen Töchter sein Los teilen mußten, kränkte ihn sehr. Aus diesem Grund streifte er oft tagelang im Wald umher. Er beobachtete das Wild und jagte, um seine Familie mit Nahrung zu versorgen.
Einmal rastete Fürst Radoslav unter einer alten Eiche. Wieder überfielen ihn die Sorgen um seine Frau und seine Töchter. Als er aufblickte, erschrak er, denn dicht vor ihm stand ein mächtiger brauner Bär. Er funkelte gefährlich mit den Augen und brummte: „Was machst du hier in meinem Wald? Ich werde dich zerreißen!“
Der arme Fürst war nicht fähig zu antworten. Als der Bär sich ihm näherte, blieb er ruhig sitzen und wehrte sich nicht. Da blieb auch der Bär stehen und sagte plötzlich mit freundlicher Stimme: „Gib mir eine deiner hübschen Töchter zur Frau! Ich gebe dir dafür soviel Silber, wie du willst!“
Der arme Radoslav überlegte und zauderte, diesen Handel einzugehen. Tapfer sagte er: „Behalte du dein Silber, meine Tochter ist mir dafür nicht feil.“
Der Bär grollte: „Gib mir eine Tochter, Fürst, sonst zerreiße ich dich!“ Doch Radoslav schüttelte nur stumm den Kopf.
„Gib mir eine deiner Töchter“, bat der Bär eindringlich, ja fast flehend. „Ich werde ihr nichts Böses tun. Ich werde sie lieben und hüten wie meine eigenen Augen!“
„So sag mir, wer du bist, denn du bist kein gewöhnlicher Bär!“ antwortete ihm der Fürst.
„Du darfst nicht fragen“, brummte der Bär.
Fürst Radoslav wußte nicht, wie er sich entscheiden sollte. Endlich, gedrängt von den Bitten des Tieres, willigte er ein.
Der Bär war außer sich vor Freude. „Du sollst deine Entscheidung nicht bereuen. In drei Tagen komme ich, um meine herzliebe Braut abzuholen.“ Und er verschwand im Dunkel des Waldes.
Nun überfielen Fürst Radoslav Zweifel, ob er recht gehandelt hatte, und er bedauerte es, seine Tochter dem Tier versprochen zu haben. Zu Hause angekommen, wagte er kaum in die

Gesichter seiner Lieben zu blicken. Die älteste Tochter fragte: „Was hast du, Vater? Ist dir etwas zugestoßen?“
„Nichts, gar nichts“, sagte der Fürst, aber er seufzte tief. Da drang die Tochter weiter in ihn, so lange, bis er ihr alles erzählte. Zuerst erschrak sie wohl, doch dann sagte sie entschlossen: „Hast du es versprochen, so soll es geschehen. Ich will mich für dich und die Schwestern opfern.“
Als Radoslav am dritten Tag erwachte, war die Braut schon festlich geschmückt, und alle erwarteten klopfenden Herzens den seltsamen Bräutigam. Aber soviel sie auch Ausschau hielten, sie konnten den Bären nirgends erblicken. Dem Jagdhaus näherte sich aber eine Kutsche, in der ein junger Prinz saß. Seine Kleider waren von Gold und mit Edelsteinen geschmückt. Alle waren voll Freude, und die Braut ließ sich gerne von dem strahlenden Bräutigam umarmen. Dieser übergab seinem Schwiegervater drei große Stücke Silber und drängte zum Aufbruch. Braut und Bräutigam stiegen in die Kutsche, der Kutscher schnalzte mit der Peitsche, und die Rosse stoben los. Klagend blieben Mutter und Schwestern zurück. Der Fürst versuchte sie zu beruhigen, aber er konnte selber seine Besorgnis nicht unterdrücken. Hatte er nicht leichtfertiger Weise sein Kind diesem wunderlichen Bräutigam anvertraut? Auch der Fürst war besorgt und wandelte seither noch öfter als bisher im Wald umher.
Eines Tages verirrte sich Radoslav, weil er ganz in seine trüben Gedanken versunken war. Das Rauschen von schweren Flügeln dicht über seinem Kopf schreckte ihn auf. Ein mächtiger Adler ließ sich neben ihm niedergleiten und verstellte ihm den Weg. Mit menschlicher Stimme fragte er: „Was suchst du in meinem Wald?“
„Ich suche meinen Schwiegersohn und meine Tochter“, erwiderte der Fürst.
„Die wirst du nicht finden, doch wenn du mir deine zweite Tochter zur Frau gibst, kann ich dir vielleicht helfen.“
„Nein, ich gebe sie dir nicht!“ rief Radoslav.
„Dann packe ich dich mit meinen Fängen, trage dich bis zu den Wolken und lasse dich in die Tiefe stürzen“, drohte der Adler und schüttelte seine Schwingen. Doch der Fürst blieb hart.
„Gib sie mir!“ bat der große Vogel nochmals. „Du sollst Gold haben, so viel du willst, und deine Tochter will ich lieben mehr als mich selbst!“
Der Vater dachte aber an das Schicksal seiner ältesten Tochter und verneinte.
„Dann stirb!“ Der Adler ergriff den Fürsten mit seinen starken Fängen und trug ihn hinauf in die Lüfte. Vor Todesangst rief Radoslav: „Verschone mich! Ich will sie dir zur Frau geben.“
Der Adler trug ihn wieder zur Erde zurück und sagte: „Du sollst deinen Entschluß nicht bereuen, so wahr ich der König der Lüfte bin! In drei Tagen will ich kommen und meine schöne Braut abholen.“ Er breitete seine Schwingen aus und verschwand über den Wipfeln der Tannen.
Der Fürst kehrte verzweifelt nach Hause zurück. Als er seine zweitälteste Tochter sah, stiegen ihm die Tränen in die Augen. Lange widerstand er ihren Fragen, doch schließlich erzählte er ihr alles. Die Tochter erschrak, aber dann faßte sie sich und sagte: „Ich bin froh, lieber Vater, daß dein Leben geschont wurde. Wer weiß, vielleicht steckt auch hinter dem Adler ein hübscher Prinz.“
Drei Tage später, kurz nach

Sonnenaufgang, hielt vor dem Jagdhaus eine stattliche Kutsche. In ihr saß ein noch anmutigerer Prinz als beim ersten Mal. Ohne Zögern fiel ihm die glückliche Braut um den Hals. Der Bräutigam übergab drei große Goldstücke und bat um den Segen des Vaters. Hierauf fuhr er mit der Braut von dannen.

Fürst Radoslav aber lief hinaus in den Wald und wanderte eine ganze Woche ziellos umher. Am siebenten Tag kam er zu einem großen Teich. Im Schilf fand er ein Boot, in dem ein Fischernetz lag. Da überkam ihn die Lust zu fischen; er stieg in das Boot, um das Netz auszuwerfen. Als er sich in der Mitte des Teiches befand, zeigte sich plötzlich neben dem Boot der Kopf eines großen silbrigen Fisches. Der Fisch sprach ihn mit menschlicher Stimme an: „Was suchst du hier in meinem Teich?“ Fürst Radoslav erschrak so, daß er nicht gleich antworten konnte. „Sprich, sonst ertränke ich dich!“ drohte der Fisch und schlug mit der Schwanzflosse so heftig gegen die Bootswand, daß das Boot zu schwanken begann. „Verzeih, wenn ich in dein Revier eingedrungen bin“, rief der Fürst.

„Gut, ich verzeihe dir, aber du mußt mir deine jüngste Tochter zur Frau geben!“ Da schrie Radoslav auf: „Nein, ich gebe sie dir nicht! Lieber will ich den Tod erleiden.“

Der Fisch starrte ihn aus seinen runden Augen an und sagte: „Was soll die Tochter dann aber ohne den Vater anfangen? Bedenke das. Ich will dir auch Perlen geben, so viel du nur magst!“

„Nein, nein, mein jüngstes Kind gebe ich nicht her – um alles in der Welt nicht!“ beharrte Radoslav.

„Dann mußt du ertrinken!“ Und der riesige Fisch schlug gegen das Boot, bis es umkippte und der Fürst ins Wasser stürzte. Doch da nahm ihn der Fisch auf den Rücken, trug ihn aus den Wellen und bat eindringlich und flehend: „Gib mir deine Tochter! Ich will sie lieben und behüten.“

Der Fürst stimmte dem Handel zu. Da trug ihn der Fisch ans Ufer und sagte: „In drei Tagen hole ich mir die Braut!“ und tauchte in den Wellen unter.

Erst allmählich begriff Fürst Radoslav, in welchen Handel er sich wieder eingelassen hatte. Als er drei Tage später zu seiner Familie zurückkehrte, fuhr gerade die Kutsche mit dem wunderbar gekleideten, jungen Prinzen vor. „Gebt mir euren väterlichen Segen!“ sagte der Prinz, „und laßt die Braut zu mir einsteigen.“ Da sprang die jüngste Tochter im Alltagsgewand in die Hochzeitskutsche; der Bräutigam drückte dem Fürsten ein Körbchen mit schimmernden Perlen in die Hand, und fort ging es.

Traurig war nun das Leben im Haus des früher so fröhlichen Fürsten geworden. Seine Frau beklagte das Schicksal ihrer Töchter, und der unglückliche Vater irrte wie von Sinnen durch die Wälder. Wochen und Monate gingen dahin, neues Leben kündigte sich an, und im Frühling gebar die Fürstin einen hübschen, gesunden Knaben. Der Wunsch des Paares nach einem Sohn hatte sich endlich erfüllt. So trat die Trauer um die verlorenen Töchter ein wenig in den Hintergrund, und die Eltern widmeten sich ganz ihrem Söhnchen, das zu ihrer großen Freude prächtig heranwuchs. Sie hatten ihn Milan getauft. Er war ein aufgewecktes, kluges Bürschchen. Alles erfaßte er blitzschnell, nichts konnte man vor ihm verbergen. So kam es, daß er eines

Tages im Schrank die Kleider seiner Schwestern entdeckte. Gleich fragte er und rief: „Wo sind sie denn, meine Schwestern? Ich möchte sie so gerne sehen? Wann kommen sie endlich?“ Traurig antwortete die Mutter: „Ach Söhnchen, mein Milan, wir wissen es nicht!“
„Dann will ich sie suchen gehen“, sagte Milan. Er griff nach seinem kleinen Hütchen, nahm einen Wanderstock und lief aus dem Haus. „Ich suche sie und bringe sie zurück!“
Die Fürstin holte ihn ein, nahm ihn bei der Hand und sagte unter Tränen: „Du bist noch zu klein, wenn du älter bist, Milan, lasse ich dich gehen!“
Von diesem Tag an durften die Eltern den kleinen Milan nicht aus den Augen lassen, denn er hatte nichts anderes mehr im Sinn, als in den Wald zu ziehen und seine verlorenen Schwestern zu suchen.
Als nach Jahren ein kräftiger Jüngling aus ihm geworden war, gaben die Eltern nach. Milan machte sich auf die große Reise. Vorher aber mußten sie ihm genau erzählen, auf welche unglückselige Weise die drei Töchter geheiratet hatten.
Milan sprang auf sein Pferd und ritt, ohne sich umzusehen, in den finsteren Wald hinein. Mit Tränen in den Augen sahen ihm die Eltern nach.
Den ganzen Tag ritt er ohne Rast dahin. Er spähte immer wieder aufmerksam nach allen Seiten, doch vergeblich, von den Schwestern war keine Spur zu sehen. Unter einer alten Eiche schlug er sein Nachtlager auf. Am nächsten Tag ging es weiter. So vergingen drei Tage. Da sah er gegen Abend eine weite grüne Wiese, die sich vor einer Grotte ausbreitete. In der Wiese saß eine anmutige junge Frau, um die drei braune Bärenkinder spielten. Milan sprang vom Pferd. War nicht eine seiner Schwestern einem Bären angetraut worden? Ja, sie mußte es sein, er hatte sie gefunden! Er lief auf sie zu, fiel ihr um den Hals und rief: „Meine Schwester, meine liebe, unglückliche Schwester!“
Doch die Dame befreite sich aus seinen Armen und sagte: „Ich habe keinen Bruder. Was willst du von mir?“
„Aber du bist doch aus fürstlichem Geschlecht. Radoslav heißt dein Vater, nicht wahr?“
„Ja, das stimmt.“ Verwirrt sah sie zu ihm auf.
„Dann bist du meine Schwester, denn ich bin der Sohn jenes Radoslav!“
Nun war die Freude groß. Milan mußte erzählen, was sich im väterlichen Haus seither zugetragen hatte und wie es den Eltern ging. Doch mitten im Gespräch horchte die Schwester auf und rief ängstlich: „Du mußt fort, Bruder! Die Sonne sinkt. Bald wird mein Gemahl heimkommen, und wenn er dich hier findet, wird er dich zerreißen!“
„Ich will mit ihm kämpfen. Ich werde ihn besiegen und dich befreien!“ rief Milan.
„Bitte kämpfe nicht mit ihm“, bat die Schwester inständig. „Er ist doch mein Gatte. Ich verstecke dich vor ihm und morgen . . . du wirst ja sehen, was geschieht!“
Sie brachte dem Bruder zu essen und zu trinken und verbarg ihn dann in der weitläufigen Höhle.
Kurz danach kam der Bär heim und warf sich unter lautem Gebrumm auf sein Lager aus Moos. Er schlief sofort ein.
Milan getraute sich kaum zu atmen, doch schließlich schlief auch er ein. Er erwachte am Morgen durch die Stimme

seiner Schwester und eines Mannes. Milan spähte aus seinem Versteck und sah zu seinem größten Erstaunen einen schönen, reichgekleideten Mann, der den Arm um die Schwester und drei hübsche Knaben gelegt hatte.
Die Schwester lächelte und sagte: „Darf ich dir einen Gast bringen?“ Und sie sah Milan und stellte ihm den Fremden vor: „Das ist mein Gemahl!“ Ihrem Mann erklärte sie: „Dieser ist mein Bruder, der mich gesucht und gefunden hat!“
Freudig begrüßten die Männer einander, doch dann seufzte der Bärenprinz: „Du mußt wissen, Schwager Milan, ich bin von einer bösen Zauberin in diese schreckliche Bärengestalt verwandelt worden. Nur jeden siebenten Tag darf ich meine wahre Gestalt annehmen; genau wie meine unglücklichen Kinder.“
„Und gibt es keine Rettung?“ fragte Milan.
„Nur, wenn die Zauberin getötet wird“, antwortete der Prinz. „Es ist sehr schwer, sie zu töten, da sie die Macht besitzt, sich blitzschnell in jedes Tier, in jeden Vogel oder Fisch zu verwandeln.“
Milan wollte es versuchen. Der Prinz dankte ihm und sagte: „Ich danke dir für deinen guten Willen, doch ich bezweifle, daß es dir gelingen wird, sie unschädlich zu machen. Ich will dir drei Borsten aus meinem Bärenfell geben. Reibe sie zwischen den Fingern, wenn du in Not bist. Sogleich werde ich bei dir sein und dir beistehen!“
Milan verwahrte die drei braunen Borsten gut, sattelte sein Pferd und verabschiedete sich. Sein Schwager gab ihm noch eine Warnung mit: „Hüte dich auf der Reise vor meinen Brüdern. Der eine ist der Adler, der zweite der Fisch; auch sie sind von der Hexe verzaubert.“ „Und wo leben sie?“ fragte Milan.
„Drei Tagesreisen weit haust der Adler. Der Fisch ist von hier sechs Tagesreisen weit in seinem Teich.“
Milan gab seinem Pferd die Sporen. Er wollte auch die beiden anderen Schwestern finden. Erst nach einer Woche kam er an den Teich, in dem der große Fisch leben sollte. Zu seinem Erstaunen sah er mitten aus dem Wasser einen Schornstein ragen, aus dem Rauch stieg. Er glitt vom Pferd und sah sich nach einem Boot um. Im Schilf fand Milan einen alten Kahn und ruderte bis zur Mitte des Teiches. Er wartete, bis sich der Rauch verzogen hatte, und spähte dann von oben in den Schornstein. Was sah er? An einem offenen Herd stand eine wunderschöne blonde Frau, die ein Essen zubereitete. Rasch entschlossen ließ er sich durch den Kamin hinuntergleiten, bis er vor der erschrockenen Frau stand.
„Bist du nicht eine Tochter des Fürsten Radoslav?“ fragte er.
„Ja. Aber was willst du von mir?“ rief die Frau.
„Ich bin der Sohn des Fürstenpaares und dein Bruder.“ Milan fiel seiner Schwester um den Hals. Nun gab es zu erzählen und zu berichten. Schließlich nahm die Schwester Milan bei der Hand und führte ihn hinaus in einen herrlichen Garten, in dem sich auch ein kleiner Teich befand. Drei silberne Fischlein spielten im Wasser. Die Schwester sagte traurig: „Das sind meine Kinder, meine armen, unglücklichen Kinder.“
„Und wo ist dein Mann?“ fragte Milan.
„Er jagt oben im Teich.“ Und sie wies mit der Hand hinauf, wo statt eines Himmels der Wasserspiegel blaute.
„Morgen kommt er zu uns.“
Milan lernte am nächsten Morgen seinen zweiten Schwager kennen, der

an diesem Tag seine Fischhaut abstreifen durfte, ebenso wie seine drei kleinen Söhne. Als Milan erklärte, die böse Zauberin besiegen zu wollen, um sie alle zu erlösen, schenkte ihm der Fischprinz drei silberne Schuppen und sagte: „Wenn du in Not gerätst, dann reibe diese Schuppen zwischen den Fingern, und sogleich will ich kommen, um dir beizustehen!"
Sie verabschiedeten sich herzlich voneinander. Milan kroch wieder durch den Kamin hinauf an die Oberfläche des großen Teiches und ruderte ans Ufer, wo er sein Pferd bestieg.
Nach einiger Zeit kam er in ein schroffes Felsental. Da sah er hoch oben auf einem Vorsprung der Felswand eine wunderschöne Frau sitzen, die mit drei Adlerjungen spielte.
Auch sein dritter Schwager beschenkte ihn mit drei Adlerfedern, bevor Milan wieder sein Pferd bestieg. Nun wollte er die böse Zauberin finden und sie besiegen.
Plötzlich tauchte ein wütender Stier auf, der mit aller Wucht gegen Milan anrannte. Milan rettete sich auf einen Baum. Der Stier aber rannte gegen den Baumstamm, so daß der Baum gefährlich ins Schwanken geriet. Milan drohte hinunterzufallen, da erinnerte er sich an die Geschenke seiner drei Schwäger und griff rasch nach den Bärenborsten. Kaum hatte er sie zwischen den Fingern gerieten, brach ein riesiger Bär aus dem Geäst und stürzte sich auf den Stier. Der Bär zerriß ihn mit seinen Tatzen. Doch aus dem toten Körper des Stieres flog eine dunkle Eule auf und versuchte zu entfliehen. Sie hatte aber nicht mit dem mächtigen Adler gerechnet, der sich jetzt auf sie stürzte. Er verfolgte die Eule, und beide Vögel entschwanden Milans Blicken.
Der große Fisch betrachtete in seinem Teich den Kampf der beiden Raubvögel. Plötzlich fiel die Eule tot hinunter ins Wasser. Gleich darauf aber hatte sie sich in einen Fisch verwandelt und versuchte, sich im Schilf zu verbergen. Der große Fisch schnappte blitzschnell nach ihm und tötete ihn.
Blitze zuckten, Donner grollten, die Erde bebte und erzitterte die Luft. Das Wasser des Teiches verlief sich; anstelle des Hauses unter dem Wasser stand ein prächtiges Schloß inmitten eines großen Parks. Statt der Fische und Lurche gab es gutgekleidete Menschen. Der große Fisch hatte seine menschliche Gestalt zurückbekommen, auch seine Kinder.
Gleichzeitig verwandelte sich das öde Felsental in eine ansehnliche Stadt, und der Adler wurde wieder zu einem gutaussehenden Mann. Die jungen Adler waren reizende Kinder geworden. Genauso geschah es mit der Bärenhöhle. Sie wurde zum Palast inmitten eines herrlichen Gartens. Aus dem großen Bären war wieder der Prinz geworden, und aus den Bärenjungen drei hübsche Knaben.
Groß war der Jubel und die Freude! Alle drei Schwestern trafen einander mit Mann und Kindern. Sie reisten unter Milans Führung zu ihren Eltern, dem Fürstenpaar im Waldhaus.
Eine ganze Woche lang wurde das glückliche Wiedersehen gefeiert, dann zogen die drei Familien wieder auf ihre Schlösser. Milan erbaute sich anstelle des Waldhauses einen großen Hof, auf dem er mit seinen alten Eltern leben wollte.
Fürst Radoslav aber konnte wieder fröhlich sein, wie es seiner Natur entsprach, und er blieb es bis an sein seliges Ende.

# Der Tauperlen-Janòs

Ist es wahr, ist es nicht wahr? Hinter den sieben Bergen, hinter den sieben Flüssen, unter dem vollen Mond, da lebte einmal ein Königspaar. Die Königin wünschte sich immer ein Kind. Alles mögliche tat sie dazu, aber es war vergebens.
Einmal ging sie im Garten spazieren; er blüte und duftete, daß es eine Freude war. Neben einem Rosenstock blieb sie stehen und pflückte eine Rose. Ein Tautropfen fiel dabei auf ihre schneeweiße Hand; davon wurde sie guter Hoffnung. Die Königin wünschte sich einen Sohn – und wartete und wartete. Doch der Knabe wollte nicht auf die Welt kommen; so verging Jahr um Jahr.
Als sie ins fünfzehnte Jahr kam, besuchte ein Mädchen die Königin. Es wurde überall „Wunderschöne Örzsebeth" genannt. Ja, es war wirklich wunderschön!
Als Örzsebeth hörte, daß der Knabe immer noch nicht geboren war, legte sie die Hand auf den Leib der Königin und rief: „Tauperlen-Janòs, Liebster, komm heraus! Ich harre deiner, komm doch!"
Was geschah? Der Knabe begann sich zu regen, und nach wenigen Minuten sprang er heraus: ein stattlicher Jüngling mit Tschako und Schwert. „Hier bin ich, Wunderschöne Örzsebeth! Warum hast du mich gerufen?" Doch er bekam keine Antwort, denn die Wunderschöne Örzsebeth war eine Fee und hatte sich unsichtbar gemacht.
Tauperlen-Janòs sagte zu seiner Mutter, der Königin: „Liebste Mutter, die Ihr mich so lange getragen habt, backt mir eine Wegzehrung, denn ich muß in die weite Welt hinausziehen. Ich will die Wunderschöne Örzsebeth suchen, koste es, was es wolle!"
Nach langem Ritt kommt er zu einem Haus, worin zwei Königssöhne schlafen. Janòs legt sich auch nieder. Als einer der Königssöhne aufwacht, sieht er den Fremden und weckt seinen Kameraden. „Sicher ist das auch ein Prinz, der ausgezogen ist, die Wunderschöne Örzsebeth zu suchen. Sollen wir ihn töten, damit er uns nicht zuvorkommt?"
Der andere erwidert: „Was fällt dir ein, Bruder! Das ist kein böser Mensch; er hat uns nichts getan. Vielleicht ist es gut für uns, daß wir ihn getroffen haben!"
Damit ist sein Gefährte einverstanden, und sie warten, bis Tauperlen-Janòs aufwacht.
Dieser fragte sogleich: „Weshalb seid ihr in die Welt gezogen? Wohin wollt ihr?" „Wir suchen die Wunderschöne Örzsebeth!" antwortete einer.
„Ich auch. Wollen wir zusammenhalten?"
Die zwei waren einverstanden; gemeinsam ritten sie weiter. Sie kamen zu einem Hügel, auf dem stand ein hoher Baum. Als sie den Hügel hinauf wanderten, geschah etwas Schreckliches: der Hügel verwandelte sich in einen Riesen, der ganz in Pelz gewickelt war. Tauperlen-Janòs fürchtete sich nicht. Er riß sein Schwert aus der Scheide und hieb auf den Riesen ein, so lange, bis er zurückwich. Nun wagten sich auch die beiden Königssöhne heran und folgten Janòs bis zum Eingang einer Höhle. Tauperlen-Janòs ging hinein. Vorher

aber warf er in die Erde Veilchensamen. Zu seinen Gefährten aber sagte er: „Wenn dieser Samen aufgeht, eilt mir nach, denn dann bin ich in Gefahr."
„Wir wollen dir dann beistehen", gelobten sie und blieben vor der Höhle. Janòs aber ging hinein.
In der Höhle war es stockfinster, doch Janòs ging mutig weiter. Allmählich wurde es heller. Auf einmal sah er eine alte Frau, die an einem Webstuhl saß und Soldaten webte: richtige Soldaten! Je flinker das Webschiffchen hin und her fuhr, desto mehr Soldaten sprangen herunter und stellten sich Janòs entgegen. Janòs schlug mächtig um sich und vertrieb sie alle. Er stürmte weiter; plötzlich stand er auf einer großen grünen Wiese. In der Mitte war ein schönes kleines Haus, und dahinter floß die Donau vorbei, ein mächtiger Strom mit Weidenbäumen am Ufer. Tauperlen-Janòs faßte sich ein Herz und trat in das Haus. Eine schöne junge Frau kam ihm entgegen. „Weißt du, wo ich die Wunderschöne Örzsebeth finden kann? Ich muß sie finden!" sagte er zu ihr.
Die junge Frau schüttelt den Kopf. „Wie willst du sie finden? Diese Aufgabe ist zu schwierig. Aber ich gebe dir einen guten Rat: warte hier am Ufer. Verstecke dich im Weidengebüsch; vielleicht hast du Glück. Die Wunderschöne Örzsebeth kommt täglich um die Mittagsstunde mit ihren Gefährtinnen an die Donau, um zu baden. Wenn es dir gelingt, ihre Kleider, die sie am Ufer ablegt, zusammenzuraffen, dann mußt du damit hierher eilen. Du darfst dich weder durch ihr Flehen noch Bitten davon abhalten lassen! Schau auch nicht zurück, sonst ist's aus mit dir!"
So geschieht es. Janòs versteckt sich zwischen den Weiden. Um die Mittagsstunde kommen zwölf Jungfrauen und legen ihre Gewänder am Ufer ab. Nur die Wunderschöne Örzsebeth zögert noch und dreht sich vorsichtig um. „Keine Menschenseele ist hier, nicht einmal ein Vogel fliegt vorbei", beruhigen sie ihre Gefährtinnen. Da geht sie auch baden. Janòs rafft ihre Kleider zusammen und läuft damit zurück zu dem kleinen Haus. Die Wunderschöne Örzsebeth hat es aber gesehen. Mit ihrer süßen Stimme ruft sie: „Janòs, Tauperlen-Janòs, komm zurück! Ich will dich herzen und küssen!"
Doch Janòs hört nicht auf sie und läuft, so schnell er kann.
„Janòs! Liebster! Schau dich nur ein wenig um! Mein Geliebter, bleibe, kehre zurück zu mir!" So ruft die Fee. Da kann er nicht widerstehen: er dreht sich um und schaut sie an. Auf der Stelle wird er in einen silbernen Ball verwandelt. Die Feen steigen aus dem Wasser und spielen mit dem Ball. Hin und her fliegt er, und ihm ist, als zerbreche sein Herz. Endlich schleudern sie den silbernen Ball weit hinaus in die Donau. Dort aber verwandelt er sich in eine wunderschöne goldene Ente.
Vor der Höhle, dort, wo die zwei Gefährten warten, keimen die Veilchen auf, die Janòs gesäht hat. Da sagt der eine Prinz zum anderen: „Sieh nur, Tauperlen-Janòs ist in Not! Wir müssen ihm beistehen." Sie gingen in die Höhle und marschierten geradewegs zu dem kleinen Haus mitten in der Wiese. Dort fragten sie nach Janòs.
Die junge Frau sagte: „Ich weiß nicht, ob ihr ihn noch retten könnt! Aber einen Rat will ich euch geben. Tauperlen-Janòs schwimmt als goldene Ente in

der Donau. Er ist von der Wunderschönen Örzsebeth in diese Gestalt verwandelt worden. Gelingt es euch, der Ente den Kopf abzuschießen, und zwar so, daß er auf das Land fällt und der Körper im Wasser bleibt, dann ist er gerettet."
Die beiden Prinzen gingen zum Donauufer. Der eine nahm seine Büchse und zielte genau auf den Kopf der goldenen Ente. Sie überschlug sich im Wasser und ihr Kopf flog bis ans Ufer. Sogleich stand Tauperlen-Janòs wieder gesund und munter vor seinen Gefährten. Er bedankte sich für seine Errettung, und gemeinsam gingen sie zurück in das kleine Haus.
Am nächsten Tag ging Janòs wieder ans Donauufer und versteckte sich im Weidengebüsch. Um die Mittagsstunde kamen die Feen zum Baden. Doch die Wunderschöne Örzsebeth spähte unruhig umher und wollte ihre Kleider nicht ablegen.
„Was willst du? Hier ist niemand", lachten ihre Gefährtinnen. „Wir sind ihn los, deinen Tauperlen-Janòs. Und wer sollte denn sonst hierherfinden?" Da legte sie endlich ihr Gewand ab und ging ins Wasser. Janòs raffte das Gewand zusammen und eilte davon. Aber die Wunderschöne Örzsebeth hatte es gesehen und begann wiederum herzzerreißend zu bitten: „Mein allerliebster Janòs, mein schöner Liebster, kehre zurück, schließe mich in deine Arme! Küsse mich – oh, schenke mir wenigstens einen Blick – Janòs! Janòs!"
Da konnte Janòs nicht widerstehen, denn er liebte die Fee und dachte immerzu an sie. So blieb er stehen und schaute zurück. Augenblicklich war er wieder in den silbernen Ball verwandelt. Die Feen spielten mit ihm, dann warfen sie ihn achtlos fort, legten ihre Kleider an und verließen die Gegend.
Der silberne Ball aber hatte sich am Ufer verfangen, und sogleich wurde ein herrlicher Rosenstrauch daraus. Er trug goldene Rosen.
Traurig hatten die Prinzen und die junge Frau vom Haus aus alles mitangesehen. „Du weißt doch immer Rat", sagten die Prinzen. „Wie können wir ihm helfen?" Die Frau seufzte. „Versucht die größte Rose vom Strauch herunterzuschießen. Wenn das glückt, wird vielleicht noch alles gut!"
Die Prinzen gingen zum Ufer und wirklich – sie schossen die größte Rose vom Strauch. Sogleich stand Tauperlen-Janòs wieder vor ihnen. „Ein drittes Mal werden wir dich nicht retten können. Gib nun acht, hörst du!" ermahnten sie ihn.
Beim dritten Mal eilte Janòs mit den Kleidern der Wunderschönen Örzsebeth so schnell zum Haus zurück, daß ihr Flehen ungehört verhallte. Die Fee rief, bat und flehte, doch er blieb fest und schaute sich nicht nach ihr um. Endlich war er vor der Haustür. „Janòs, Liebster . . ." rief sie noch einmal, beinahe hätte er den Kopf doch noch umgedreht; da packte ihn einer der Prinzen und zog ihn rasch ins Haus.
Nun hatte es Janòs geschafft: die Kleider der Wunderschönen Örzsebeth waren in seinem Besitz. Sie war ihm nachgeeilt, stand ganz dicht vor ihm und verlangte ihre Kleider zurück. Doch die junge Hausfrau bedeutete ihm, er solle sie ihr nicht geben. Es sei ein Federkleid, mit dem könne sie ihm davonfliegen. Also mußte die Fee andere Kleider anziehen. Schließlich willigte sie ein, sich mit Janòs zu vermählen.

Wer war glücklicher als Tauperlen-Janòs? Er verabschiedete sich von seinen Kameraden und zog mit der Wunderschönen Örzsebeth heim in sein Reich. Die Königin freute sich, Sohn und Schwiegertochter bei sich zu haben. So lebten sie in Liebe und Frieden.
Janòs schärfte seiner Mutter ein, sie müsse das Federkleid seiner Gemahlin gut verwahrt halten. Sie dürfe es ihr keinesfalls geben, denn dann fliege sie davon, und alles Glück sei zu Ende. Die Königin versprach es. Doch kaum war Janòs auf der Jagd, fing die Wunderschöne Örzsebeth an zu weinen und zu klagen.
„Was fehlt dir, Töchterchen?“ fragte die Königin. „Mir fehlt mein liebstes Kleid, mein Federkleid! Ach, laßt es mich nur einmal wieder anziehen!“ Sie weinte und weinte.
Die Königin wollte nicht so hartherzig sein und gab ihrer Schwiegertochter das Federkleid. Die zog es an, und eins zwei flog sie wie eine Taube davon.
Tauperlen-Janòs aber vergnügte sich auf der Jagd. Plötzlich rief von einem Baum eine Stimme: „Leb wohl, Janòs, leb wohl!“ Als er hinaufblickte, sah er seine Wunderschöne Örzsebeth im Federkleid davonfliegen, weit, weit über Wiese und Wald.
Janòs kränkte sich so sehr, daß er nichts mehr aß und trank. Zu seiner Mutter sagte er: „Ich muß fortgehen und meine Frau suchen. Ich kehre nicht eher zurück, bis die Wunderschöne Örzsebeth auf ewig mein ist! Gott behüte Euch, Mutter!“
Durch siebenmal sieben Königreiche wanderte er, bis er in eine Stadt kam. Dort gab es eine große Gastwirtschaft. Als Janòs hörte, daß man eine Magd suche, legte er Mädchenkleider an und gab sich als Dienstmädchen aus. Der Wirt nahm ihn auf, und weil er flink und geschickt war, durfte er die Gäste bedienen.
Eines Tages hörte er, daß zwölf verwunschene Kraniche, zwölf Feen, zum Mittagsmahl erwartet wurden. Der Wirt trug ihm auf, die Damen besonders gut zu bedienen.
Tauperlen-Janòs putzte sich ordentlich heraus und sah aus wie ein hübsches, kräftiges Mädchen. So bediente er die Gäste. Plötzlich starrte er die schönste Fee an. Gleicht sie nicht seiner Wunderschönen Örzsebeth? Bei Gott, sie ist es wirklich! Da erkannte auch sie ihn. Mit ihrer süßen Stimme sagte sie leise: „Mein Tauperlen-Janòs, mein Liebster, ich weiß, daß du in dieser Verkleidung steckst. Jetzt will ich dich mit mir nehmen. Diese elf Feen sind meine Schwestern. Wenn das Mittagsmahl zu Ende ist, machen wir uns zum Aufbruch bereit. Klammere dich an meinen Rock, denn wir fliegen als Kraniche durch die Lüfte, und ich trage dich davon.“
Janòs war einverstanden. Glücklich flog er mit den Kranichen in ihr Reich, wo sie der Vater erwartete. Die Wunderschöne Örzsebeth trat vor ihn hin, nahm Janòs bei der Hand und sagte: „Mein lieber Vater, dies ist Tauperlen-Janòs, mein Liebster. Er ist der Sohn der Königin aus dem Nachbarland. Wir wollen von nun an miteinander leben.“
„Wenn ihr euch wirklich und wahrhaftig liebt, dann will ich eurem Glück nicht im Wege stehen“, erwiderte der Vater. So war es nun abgemacht für alle Zeiten, daß Tauperlen-Janòs und die Wunderschöne Örzsebeth als Mann und Frau zusammenleben sollten.
Eine Sache aber bedrückte Janòs noch

immer; deshalb sprach er eines Tages zu seiner Gemahlin: „Mein schönes Lieb, mein einziges Herz, erfülle mir einen Wunsch, dann erst kann ich wirklich glücklich sein: Übergib mir dein Federkleid!"
„Nein, das kann ich nicht; all mein Feenzauber liegt in ihm."
„Aber ich werde immer in Angst leben, daß du mich wieder verläßt", rief Janòs.
„Ich kann mich von meinem Federkleid nicht trennen!"
Janòs bat und flehte, bis die Wunderschöne Örzsebeth nachgab und er das Federkleid bekam. Er holte Holz und Reisig, schichtete es hoch auf, zündete es an und warf das Federkleid ins Feuer. Eine hohe Flamme züngelte empor, ein Donnerschlag folgte – das Kleid war zu Asche zerfallen.
Tauperlen-Janòs und seine Wunderschöne Örzsebeth aber lebten von da an glücklich und in Frieden, und wenn sie nicht gestorben sind, dann leben sie noch heute.

## Der Junge mit dem Bärenfell

Vor vielen Jahren lebte ein mächtiger Herr, der hatte einen einzigen Sohn. Dieser Herr ist nun in den Krieg gezogen und lange nicht zurückgekehrt. Sein Söhnchen wuchs unter die Obhut der Mutter und des Gesindes auf.
Als der Junge den Kinderschuhen entwachsen war, bat er die Mutter inständigst, ihn hinaus in die Welt ziehen zu lassen. Nach längerem Zögern willigte sie ein. Gut ausgerüstet für die Wanderschaft verließ der Junge das Elternhaus und zog fröhlich davon. Unterwegs begegnete ihm ein Herr im grünen Rock, der wollte wissen, wohin er denn gehe und was er in der Fremde wolle.
„Ich ziehe aus, um etwas fürs Leben zu lernen“, antwortete der Junge.
Darauf schaut ihn der Grüne ganz freundlich an und sagt: „Das ist recht, das gefällt mir. Wenn du willst, so werde ich dich unterrichten. Komm, setze dich auf meinen Rücken!“
Ohne zu zögern, schwang sich der Junge auf den Rücken des Fremden, und dieser flog mit ihm weit durch die Luft.
Schließlich kamen sie zu einem häßlichen, schwarzen Haus. Dort war die Reise zu Ende. Der Grüne setzte den Jungen ab und führte ihn in das Haus hinein. Im Inneren war ein Stall für ein Pferd und einen Bären. Der grüne Herr sagte: „Dafür, daß du von mir Unterricht bekommst, mußt du täglich mein Pferd und meinen Bären füttern.“
Der Junge versprach es und dachte bei sich: das ist nur recht und billig, daß ich hier eine Arbeit verrichte!
Sehr früh am Morgen weckte ihn sein Herr und befahl ihm, aus der Küche ein Stück Fleisch und aus der Scheune ein Viertel Scheffel Hafer zu holen. „Das Fleisch gibst du dem Pferd zu fressen, und den Hafer schüttest du dem Bären vor.“
Das wollte dem Jungen nicht so recht in den Kopf; er hätte die Tiere lieber anders gefüttert: das Fleisch für den Bären und den Hafer für das Pferd. So tat er es auch.
Das Pferd nickte mit dem Kopf und begann zu sprechen: „Dank dir, daß du mir den Hafer gegeben hast! Jetzt kann ich wieder sprechen. Der Bär und ich, wir sind beide Menschen, die der Böse in Tiere verwandelt hat. Wenn du uns und auch dich selbst erlösen willst, mußt du tun, was ich dir sage. Stecke das Fläschchen mit der Salbe, das dort auf dem Brett über der Stalltür steht, in die Tasche. Nimm den Besen, die Bürste und den Striegel unter den Arm und setze dich auf meinen Rücken!“
Der Junge tat, wie ihm geheißen. Das Pferd stob mit ihm davon. Der Bär lief ihnen nach. Sie waren noch nicht weit gekommen, da hörten sie, daß der Grüne sie verfolgte. Immer kleiner wurde ihr Vorsprung.
Ängstlich fragte der Junge das Pferd: „Was sollen wir nur tun?“
„Wirf die Bürste hinter dich“, rief das Pferd zurück. Der Junge tat es. Im gleichen Augenblick wuchs hinter den Fliehenden ein dichter dunkler Wald aus dem Boden. Der Grüne brauchte lang, um durch den Wald zu kommen. Aber nach ein paar Stunden war er wieder hinter ihnen. Das Pferd befahl dem Jungen: „Wirf den Striegel auf den Boden!“

Ein ungeheuer dichtes Gestrüpp schoß hinter ihnen auf, so daß der Grüne die doppelte Zeit gebraucht hat, um sich durchzuarbeiten. Schließlich holte er die Fliehenden ein.
„Was sollen wir tun? Gleich hat er uns erreicht!“ schrie der Junge.
„Wirf den Besen zu Boden“, war die Antwort des Pferdes. Daraufhin entstand zwischen ihnen und dem Grünen ein tiefeingeschnittenes, felsenübersätes Tal, das so breit war, daß der Böse die Verfolgung aufgab und fluchend in sein schwarzes Haus zurückkehrte.
Nun befahl das Pferd dem Jungen, den Bären zu töten, ihm das Fell abzuziehen und ihn zu begraben. Der Junge gehorchte. Sie ritten weiter; kurz vor einer großen Stadt sagte das Pferd: „Jetzt bestreiche dein Haar mit der Salbe, die du in der Tasche hast!“
Kaum hat der Junge sein Haar mit der Salbe berührt, da hatte er die schönsten goldenen Locken, die man sich nur vorstellen kann. Sie funkelten und glänzten in der Sonne.
„Zieh das Bärenfell über und nimm es nicht vom Kopf, bevor ich es dir nicht befehle, dann wird alles gut werden mit uns!“ sagte das Pferd.
Sie kamen in die Stadt. Der Junge brachte das Pferd in einen Stall und fütterte es. Hierauf ging er zum König und fragte, ob man ihn nicht als Hühnerbuben einstellen könnte. Er hatte Glück und bekam die Stelle. Weil er immer mit dem Bärenfell bekleidet war, nannten ihn die Leute „Den mit dem Bärenfell“. Keiner wußte seinen wahren Namen und seine Herkunft.
Bald aber merkte man im Königsschloß, daß er ein ausgezeichneter Hühnerbub war, denn die Hennen legten mehr Eier.
Das Pferd riet nun dem Jungen: „Jetzt geh und frage, ob du nicht als königlicher Gärtner angestellt werden könntest!“
Der Junge mit dem Bärenfell ging hin und hatte wieder Glück: man hat ihn angenommen, und die königlichen Gärten gediehen so prachtvoll wie nie zuvor.
Eines Tages drang aber eine Herde Schweine in den Garten, und der Junge jagte sie hinaus, so schnell er nur konnte; dabei rutschte ihm das Bärenfell vom Kopf. Die jüngste der drei Töchter des Königs sah nun seine goldglänzenden Haare. Der schöne Jüngling gefiel ihr sehr; sie verliebte sich in ihn und schenkte ihm einen goldenen Apfel. Das war das Zeichen, daß sie ihn zum Mann haben wollte.
Der König und ihre Schwestern waren darüber sehr empört. Sie jagten die Jüngste in das Gärtnerhaus hinunter zu ihrem armseligen Bräutigam. Die zwei Prinzessinnen aber nahmen Fürsten zu ihren Gatten. Bald darauf lud der König seine Schwiegersöhne zu einer Jagd.
Auf den Rat des Pferdes hin ist auch der Junge mit dem Bärenfell auf die Jagd gegangen. Auf Befehl des Königs bekam er das schlechteste Roß aus dem Stall und mußte am Ende des Zuges reiten. Der Junge kehrte aber gleich um und lief zu seinem klugen Pferd, um sich mit ihm zu besprechen.
Das Pferd befahl ihm, das Bärenfell abzulegen und wunderschöne silberne Gewänder anzuziehen, die es ihm herbeizauberte. Dann sagte es: „Schwinge dich auf meinen Rücken, wir wollen zur Jagd reiten!“
Ohne große Mühe erlegte der Junge mit dem Goldhaar eine Menge Wild, das er am Abend der Jagdgesellschaft

vorzeigte. Niemand erkannte ihn in den silbernen Prinzenkleidern, und alle dachten, er wäre ein vornehmer Fremder. Die beiden Schwiegersöhne des Königs aber hatten gar kein Wild erlegt, daher baten sie den schönen Fremden, er möge ihnen doch von seiner Beute etwas abgeben.
Dieser nickte. „Das will ich schon tun, ihr könnt meine ganze Beute haben, aber ihr müßt mir dafür die goldenen Äpfel geben, die euch eure Prinzessinnen gegeben haben, als sie euch zu ihren Gatten erwählten."
Es fiel den königlichen Schwiegersöhnen nicht leicht, die goldenen Äpfel herzugeben, aber um der Schande zu entgehen, mit leeren Händen von der Jagd zu kommen, willigten sie ein.
Spätabends kam der Junge mit dem Bärenfell in die Stadt zurück. Er hatte die silbernen Kleider ausgezogen und sein goldenes Haar wieder mit dem Bärenfell verhüllt. Er ging ins Gärtnerhaus zu seiner Frau. Sie kränkte sich, weil ihr Mann ohne Beute von der Jagd gekommen ist, während ihre Schwäger mit ihrer reichen Jagdbeute geprahlt haben.
Die zweite Jagd verlief wie die erste. Wieder erlegte der Junge eine Menge Wild, und die beiden Schwiegersöhne, die wieder kein Glück hatten, baten ihn abermals um seine Jagdbeute.
„Nur unter einer Bedingung sollt ihr meine Beute haben", sagte der Junge. „Dreht euch um, damit mein Pferd jedem von euch einen Tritt in den Hintern versetzen kann! Tut ihr das nicht, so behalte ich meine ganze Beute."
Weil sie nicht mit leeren Händen heimkehren wollten, überwanden sich die beiden Herrn und taten, was der Fremde von ihnen verlangte. Das Pferd versetzte jedem einen derartigen Tritt, daß die blauen Flecken auf ihren Hinterseiten noch lange zu sehen waren.
Wieder geschah alles wie beim ersten Mal. Der Junge mit dem Bärenfell kehrte zu seiner Frau ins Gärtnerhaus zurück und sprach kein Wort darüber, wo seine Jagdbeute geblieben war.
Kurz darauf brach ein Krieg aus, und der König zog mit seinen Schwiegersöhnen ins Feld. Vor der großen Schlacht befahl das Pferd dem Jungen mit dem Bärenfell, die silbernen Prinzenkleider anzuziehen und mit ihm in den Kampf zu reiten. Es zauberte ein mächtiges Schwert herbei, und mit diesem schlug der Junge alle Feinde in die Flucht. Als die Schlacht siegreich beendet war, verschwand er wieder.
Der König ließ überall nach dem tapferen, silbernen Ritter suchen, doch es war vergeblich: der fremde Ritter war wie vom Erdboden verschluckt.
Der König aber gab ein großes Friedensfest, zu dem alle Fürsten und Herren und auch seine Schwiegersöhne geladen wurden.
Auch der Junge mit dem Bärenfell, auf Anraten seines treuen Pferdes, ging hin und nahm die goldenen Äpfel mit, die er für die Jagdbeute erhalten hatte.
Nach dem festlichen Essen bat der König, jeder möge seine Lebensgeschichte erzählen. Als nun die Reihe an den Jungen mit dem Bärenfell kam, erzählte er alles. Dann zeigte er den Geladenen auch die goldenen Äpfel, die er von den Schwiegersöhnen für die Jagdbeute bekommen hatte.
„Und wenn ihr die Male sehen wollt, die der Huf meines Pferdes bei den Herrn hinterlassen hat, so laßt euch ihre Hinterseiten vorzeigen", rief er. Dann

warf er das Bärenfell ab: er stand da wie ein junger König mit goldenem Haar und silbernen Kleidern.
Der alte König schloß nun seinen verschmähten Schwiegersohn in die Arme, bat ihn um Entschuldigung und versprach ihm, ihn zu seinem Nachfolger zu machen.
Die beiden älteren Prinzessinnen aber haben es sehr bedauert, daß nicht sie den Jungen mit dem Bärenfell geheiratet haben.

# Inhalt